Ira Drewitz
Zimm'ner Geschichten

Drewitz

Zimm'ner Geschichten

Re Di Roma Verlag

Bibliografische Information der Deutschen Nationalbibliothek:
Die Deutsche Nationalbibliothek verzeichnet diese Publikation in der Deutschen Nationalbibliografie; detaillierte bibliografische Daten sind im Internet über http://dnb.ddb.de abrufbar.

ISBN 978-3-86870-390-0

Umschlagillustration:
Ira Drewitz

www.rediroma-verlag.de

8,95 Euro (D)

Heimat ist ein geistiger Raum,

In den wir mit jedem Jahr

tiefer eindringen

(Reinhold Schneider)

Inhalt

EINLEITUNG 7

ERINNERUNGEN AN DEN ERSTEN WELTKRIEG 9

NEUNZIG JAHR GELEBTES LEBEN 14

DIE BAWIE, WAS SO VIEL WIE BARBI, BÄRBEL, BARBARA HEIßT 33

DER VIEHWEGSGENERAL UND SEINE »TRUPPE« 36

DER HASCHERT 38

VOM AUGUST UND PAAR ANDEREN 40

DER FSV GROß-ZIMMERN 44

NOCH MEHR ERINNERUNGEN, ... 46

VON HELMUT RIEBEL UND ERWIN SÄNGER 46

SPRÜCHE VOM »WILLESE LENHARD« (LEONHARD HELD ODER DIETRICH?) 48

»DER ALTE BÜCHNER«, DER EIGENTLICH GÖBEL HIEß 49

GESCHWISTERLIEBE – EIN GROß-ZIMMERN-KRIMI, ... 51

KURZE FREUDE 65

ZIMM'NER SPRICH UN AUSDRIGG 74

ZIMM'NER OU-NAME 84

Einleitung

Der Wein ist stark,
der König ist stärker,
die Weiber sind noch stärker,
die Wahrheit ist am allerstärksten.
(Martin Luther)

Seit sechzehn Jahren ist Groß-Zimmern nun meine Heimat, und ich sage bewusst Heimat, nicht nur Schlaf- und Wohnstätte, wie bei vielen in den letzten Jahren neu Zugezogenen.

Aber was mich schon von Anfang an gereizt hat, sind Groß-Zimmerns »Ureinwohner« an sich. Hier leben, so meine Erfahrung, viele alte und ältere Menschen , die aus einer längst vergangenen Zeit lebendig und anschaulich erzählen können. Und ich höre sehr gerne Geschichten und Anekdötchen aller Art.
Deshalb kam mir die Idee diese Geschichten aufzuschreiben und vielleicht erfreut sich der Eine oder Andere so wie ich daran.

Außerdem beinhaltet das Buch zwei Krimi-Geschichten, die beide eine Verbindung zu Groß-Zimmern haben. Natürlich konnte ich nicht die richtigen Namen nennen und natürlich habe ich mir erlaubt, in dichterischer Freiheit die Geschichten auszuschmücken, aber sie haben einen wahren Kern.

Am Ende des Büchleins werdet ihr einige »Zimm'ner Ausdrigg und Ou-Name » finden. Ich war so vermessen sie auch zu sammeln und aufzuschreiben. Man möge mir also bitte nachsehen, wenn da Fehler enthalten sind, da ich den Zimm'ner Dialekt mittlerweile zwar verstehen, aber nicht sprechen kann.

Auch möchte ich nicht versäumen, mich bei allen die zu meinen Texten beigesteuert haben, zu bedanken. Besonders nenne ich hier Gretchen Grohe, Johannes Held und Georg Eckardt (die beiden letzteren sind mittlerweile verstorben) und nicht zuletzt meinen Lebensgefährten, Friedel Bauer, der sich große Mühe gegeben hat, mir den Zimm'ner Dialekt näher zu bringen.

Ich wünsche allen viel Freude beim Lesen.

Erinnerungen an den Ersten Weltkrieg

erzählt von Johannes Held

Meine Erinnerungen reichen bis zum 2. Jahr des 1. Weltkrieges zurück. Die Soldaten erkannte man an Uniform, Gewehr und Helm und als Kind hatte ich Angst vor ihnen. Einmal machte eine durchziehende Truppe Rast in unserer Straße und setzte die Gewehre in kleinen Dreier-Pyramiden in einer Linie zusammen. Dieses Bild blieb mir gut in Erinnerung und als ich später hörte es sei Waffenstillstand, da stellte ich mir vor, dass an der ganzen Front alle Gewehre in kleinen Pyramiden, in einer geschlossenen Reihe, aufgebaut stehen.

Weiterhin kann ich mich noch erinnern, dass bei klarem Wetter nachts englische Bomber an Groß Zimmern vorbeiflogen. Ihr Ziel war die Badische Anilin- und Sodafabrik in Ludwigshafen, da dort kriegswichtige Stoffe hergestellt wurden. Da es noch kein Radar gab, flogen die Flugzeuge auf Sicht. Viele Groß-Zimmerner waren in Ludwigshafen beschäftigt und die Angehörigen hatten große Angst, das ihnen bei den Angriffen etwas zustoßen könnte.

Davon und von den furchtbaren Angriffen, konnte ich mir auf Grund meines kindlichen Alters noch kein rechtes Bild machen. Aber was ich spürte war der Nahrungsmangel. Wichtige Nahrungsmittel gab es damals nur auf Marken. Diese wurden an der alten Bürgermeisterei verteilt, indem die Leute namentlich aufgerufen wurden. Manchmal machte der Beamte, der die Marken ausgab einen Scherz und rief:

»Jetzt kommt eine Gans, Stubenvoll, Unrat«. Diese drei Familien lebten nämlich zusammen und hießen tatsächlich so.

Viele hatten neben einem eigenen Garten und einem Acker noch ein Stück »Allmendfeld«. Das bekam jeder Bürger aus dem Besitz der Gemeinde, wenn er heiratete und der Feuerwehr einen Ledereimer stiftete. Die Feuerwehr verfügte damals noch über keine Motorpumpe und so mussten bei einem Brand Wassereimer von Hand zu Hand weitergereicht werden.

Mit Garten- und Felderträgen wurde die Eigenversorgung ergänzt, manche konnten dadurch auch Ziegen und Schweine halten. Trotzdem waren viele Menschen, besonders Kinder, unterernährt. In besonders schlimmen Fällen verschrieb der Arzt Milch und Weißbrot.

Zur willkommenen Aufbesserung trugen auch die »Stollbuben« bei. Vor Beginn der Kartoffelernte kamen Leute aus dem Hofgut Stoll, Georgenhausen, in die Schule und warben ältere Schüler, als Helfer für die Kartoffelernte an. Dieses Angebot wurde gerne angenommen. Konnte man sich doch in dieser Zeit einmal richtig satt essen und auch noch Kartoffeln mit nachhause nehmen.

Am Ende der Kartoffelernte zogen die Buben heim und sangen das Stoll-Lied. Leider ist mir nur noch der Schluss in Erinnerung:

»Ruh, ruh, ruh, ruh, jetzt kann man singen, der Stollbub hat Ruh.«

Das Ende des Krieges wurde von allen herbeigesehnt, erwartet hatte man einen kurzen, siegreichen Verlauf. Ein verlustreicher Krieg war es geworden. Durch geschickte Verhandlungen kehrten viele Truppenteile, ohne vorhergehende Kriegsgefangenschaft, in die Heimat zurück. Trotz der schweren Niederlage war die Freude groß, und die Heimkehrer wurden ehrenhaft mit folgenden Zeilen empfangen:

»Wir grüßen euch, heimkehrende Krieger.
Wir ehren euch, wie es die Pflicht gebeut.
und naht ihr nicht als freudige Sieger,
und schallt nicht Jubelglockengeläut,
ihr habt doch ewigen Ruhm erworben,
gleich denen, die draußen für uns gestorben.
Schmach dem, der's nicht im Herzen spürt,
dass Dank euch, unendlicher Dank gebührt. «

Der Weg vieler Truppen führte durch Groß Zimmern. Die Berittenen verkauften ihre Pferde, und die ausgehungerte Bevölkerung freute sich über günstiges Fleisch. Geschlachtet wurden die Pferde in der Gastwirtschaft »Münchner Hof«, bei der »Wäijner Marie« (Wagner Marie). Zu der Zeit entstanden folgende Verse:

»Des Schweinefleisch is daier
Des Rindfleisch is knabb
Do laafe mer all zu d Wäijner Marie
Un kaafe uns Trabb Trabb«

Im Hof der Wäijner Marie wurden auch Äpfel gekeltert, sowie Limonade und Selterswasser hergestellt. Mittels einer Rolle mit Pferdegespann wurden dann die Getränke zu den Groß Zimm'ner Wirten und den Wirten in der Umgebung transportiert.

Die Nachkriegsjahre waren von Arbeitslosigkeit, Armut und Inflation geprägt. Viele ältere Menschen, die noch nie versichert waren, hatten sich als Alterssicherung ein Sparbuch angelegt, von dem sie später ihren Unterhalt bestreiten wollten. Nun standen sie mittellos da. Eltern konnten die Lernmittel für ihre Kinder nicht bezahlen und so entschloss sich die Gemeinde, ein Waldstück abholzen zu lassen, und aus dem Erlös Lernmittelfreiheit und noch andere notwendige Ausgaben zu finanzieren. Ranzen und Griffelkasten stellten die Eltern, alles andere bekamen die Schüler durch den Lehrer ausgehändigt.

Um den langjährigen Arbeitslosen zu helfen, wurden Notstandsarbeiten eingeführt, wie z. B. Waldwege ausgebessert. Aber trotz aller Bemühungen stieg die Arbeitslosigkeit und das Geld war jeden Tag weniger wert. Der Lohn musste noch am Tag der Auszahlung umgesetzt werden, weil den Tag darauf das Geld noch weniger wert war. Die ortsansässigen Firmen Wiedekind und Kempf durften ihr eigenes Geld drucken, das hier und in der Umgebung gültig war.

Trotz aller Nöte blieb der Lebensmut der Menschen ungebrochen. Vereine wurden gegründet, die neben ihren eigentlichen Aufgaben, auch das kulturelle Leben bereicherten. So führten die Radfahrer Operetten auf, wie zum Beispiel »Winzerliesel vom Rhein,« oder »Wie die Alten sungen, so zwitschern auch die Jungen«. Selbst Zuschauer aus der weiteren Umgebung fanden großes Interesse daran.

Die Groß-Zimm'ner Ringer stellten Deutsche und Europa-Meister. Wie sehr die Vereine mit jeder Mark haushalten mussten, zeigt die Begebenheit, dass für einen neuen Ball des FSV, eine Haussammlung durchgeführt werden musste.

Für die Sicherheit sorgte der Polizeidiener. Um 17:00 Uhr läuteten die Glocken. Ab da mussten alle Kinder zuhause sein, sonst wurden sie vom Polizeidiener nachhause gejagt. Der Polizeidiener »schellte« auch die Bekanntmachungen der Gemeinde aus. Später wurden diese auf Tafeln angeschlagen, eine Zeit lang gab es auch eine Durchsage im

Gemeinderundfunk, aber auch das brachte nicht den gewünschten Erfolg. Erst die Veröffentlichung in der Presse (Lokalanzeiger) genügte allen Ansprüchen.

Nachts drehte ein Nachtwächter seine Runden, er sorgte für die Einhaltung der Polizeistunde, und hatte verschiedene Stechuhren anzulaufen. Feld und Wald wurden vom Feldschütz überwacht.

Leider gab es keinen wirtschaftlichen Aufschwung. Die Unzufriedenheit wuchs und es entstanden viele radikale politische Parteien, mit sehr unterschiedlichen Zielen. Zuletzt waren es etwas mehr als dreißig. Die SPD hatte keinerlei Berührungspunkte mit anderen Parteien und ich erinnere mich, dass sie den 1. Mai getrennt feierten. Die einen führten im hinteren, und die anderen im vorderen Teil des Schulhofes, das Regiment und störten sich gegenseitig.

»Die Wahrheit ist wie ein Bauernmädchen. Am schönsten ist sie ungeschminkt.. «
(Oskar Kokoschka)

Neunzig Jahr gelebtes Leben

erzählt von Gretchen Grohe

Es waren harte Zeiten damals vor 90 Jahren. Viele Menschen waren arbeitslos, meine Eltern auch. Vater bekam 8 RM pro Woche. Unsere Familie bestand aus sechs Kindern, Vater und Mutter. Heute würde man meine Familie als »patchwork–family« bezeichnen: Zwei Mädchen, 1908 und 1909 geboren, brachte mein Vater mit in die Ehe. Zwei Mädchen meine Mutter, 1913 und 1915 geboren, und dann gab es zwei gemeinsame Kinder: ich, 1920 geboren und mein Bruder Georg 1922 geboren. Untereinander waren wir aber wie leibliche Geschwister, größere Differenzen gab es nicht. Eine Erleichterung war, dass meine beiden älteren Schwestern zwar bei uns im Haushalt lebten, aber schon arbeiten gingen. Die Eine war als Maschinenstrickerin in Darmstadt beschäftigt, die Andere arbeitete am Ort, in der Papierfabrik Stumpf in der Enggasse. Auch heute noch bin ich meinen Eltern dankbar, wie gut sie mit uns umgegangen sind und wie viel wir von ihnen gelernt haben. Sonntags zogen wir alle in den Wald. Nach dem Spaziergang gab es zum Abschluss im »Waldeck« ein Käsebrot.

Als es wieder Arbeit gab, war mein Vater bei der Gewerkschaft Bau, Steine, Erden tätig, heute IGBC. Er war auch der Mitbegründer des

AGV-Chores. Zuhause sang er uns dann alle Lieder vor, die dort eingeübt wurden. Ich erinnere mich noch an viele Liedtexte und Melodien. Außerdem erinnere ich mich noch an die Maifeiern in den Jahren 1928 –1932. Wenn der erste Mai auch kein Feiertag war, so war es doch üblich, dass die organisierten Arbeiter einen unbezahlten Tag Urlaub nahmen. Morgens gingen wir in den Wald, um frische Birkenzweige für die Maifeier zu schneiden, die im Saal der Linde stattfand. Das Lied der SPD hieß damals noch »drei weiße Streifen auf rotem Grund« oder so ähnlich, mein Vater brachte es mir bei. Den Text habe ich mittlerweile leider vergessen. In Erinnerung geblieben ist mir aber, dass wir Mädchen an diesem Tag weiße Kleider und rote Haarschleifen trugen. Am ersten Mai gab es Marken, die man für 50 Pfennig kaufen konnte, was damals in der Zeit der großen Arbeitslosigkeit sehr viel Geld war. Trotzdem fühlten sich selbst Arbeitslose verpflichtet, am ersten Mai eine Marke zu kleben. Obwohl die Zeiten hart waren, haben wir in der Familie immer viel gelacht und gesungen. Meine Mutter hatte eine wunderschöne Singstimme, daher wohl auch heute noch meine Liebe zum Gesang. Hungern brauchten wir nicht, da wir Hühner, Gänse, Schweine, Enten und Ziegen hielten. Ein Erlebnis war es auch immer wieder, besonders für uns Kinder, wenn die Haustiere Nachwuchs bekamen. Kleine Enten, Hühner- und Gänseküken gefielen uns ganz besonders. Frische, klein gehackte Brennnesseln wurden an die kleinen Hühnchen und Haferflocken an die frisch geschlüpften kleinen Gänse verfüttert.

1926 bekam mein Bruder zu Weihnachten ein Schaukelpferd und ich eine Puppe mit Puppenküche. Mein Vater hatte die Sachen für uns eigenhändig gebaut. Aber seine Enttäuschung habe ich bis heute nicht vergessen, weil mein Bruder Georg sein Schaukelpferd nicht würdigte und statt dessen lieber mit meiner Puppenküche spielte. Dafür saß ich lieber auf dem Schaukelpferd.

Um die Tiere zu versorgen mussten auch wir Kinder ran. Unsere Aufgabe war es, das Futter vorzubereiten und die Tiere zu füttern. Mit 12 Jahren habe ich, wenn die anderen auf dem Feld arbeiteten, die Suppe fertig gemacht und dann mit dem Handwagen hinausgefahren. Eine Nachbarin half mir, den schweren Kessel auf den Wagen zu heben. Wir bauten jedes Jahr Kartoffeln an und ernteten meistens einen großen Wagen voll. Wir hatten einen befreundeten Bauern, der uns seinen Wagen zur Verfügung stellte und dann den gefüllten Wagen mit seinen Pferden abholte. Sonst hatten wir keine Möglichkeit die Ernte nachhause zu bringen.

Einmal hatten wir den Wagen voll geladen und warteten auf den Bauern. Es war bereits Abend, wir saßen auf dem Feld und bibberten vor Kälte. Mein Vater hatte etwas selbst gemachten Wein dabei und gab uns ein Schlückchen, um uns ein bisschen aufzuwärmen. Wahrscheinlich hatte mein Schwager zu oft ein Schlückchen genommen, denn er hatte einen richtigen Schwips. Endlich, es war bereits dunkel, kam der Bauer angefahren. Er war bereits zu Bett gegangen, als ihm einfiel, dass wir ja noch auf dem Feld saßen und auf ihn warteten. Mit vereinten Kräften verfrachteten wir meinen Schwager auf den Wagen, den ganzen Heimweg sang er uns etwas vor. Zuhause angekommen gingen wir dann gleich ins Bett.

Wir machten jedes Jahr selber Wein, der kurz vor Weihnachten aus den Korbflaschen in Flaschen umgefüllt wurde. Dazu musste man mittels eines Schlauchs kurz anziehen. In einem Jahr hatte Vater die

Aufgabe meiner älteren Schwester übertragen. Da sie aber den Schluck vom ansaugen nicht ausspuckte, sondern herunterschluckte, hatte sie bald einen ziemlichen Schwips. Sie lief so schwungvoll die Treppe hinauf, dass sie gegen Ofen und Ofenrohr prallte. Das Rohr sprang aus der Wand und eine Rußwolke verbreitete sich auf Treppe und Gang. Das brachte meine Mutter ganz schön auf die Palme, da sie den Weihnachtsputz schon erledigt hatte.

Wenn jemand von uns erkältet war, schlachtete mein Vater ein Huhn, dann gab es Hühnerbrühe, die uns half die Erkältung schnell zu überwinden. Noch heute greife ich auf dieses alte Hausmittel zurück.

Geschlafen wurde auf Strohsäcken, die jedes Jahr wieder neu gefüllt und gestopft werden mussten. Es war für unsere Mutter eine ziemlich schwere Arbeit. Zuerst wurde das geschnittene Stroh im Hof ausgebreitet und getrocknet, wir Kinder halfen die Disteln aus dem Stroh zu sortieren, die bekam dann das Vieh zum Fressen. Das zusammengelegene, alte Stroh wurde nicht fortgeworfen sondern diente als Streu im Stall.

Erst 1928 wurde in der Dieburger Straße eine Wasserleitung gelegt. Bis dahin gingen alle zu einer Wasserstelle, in der Nähe der Bäckerei Kratz. An dieser Wasserstelle wuschen alle ihr Obst, Salat und Gemüse. Natürlich war das auch ein beliebter Punkt, zum austauschen der neuesten Nachrichten. Das Abwasser und alle Abfälle wurden ins Floss (Abwasser-Rinne) gekippt, denn auch einen Kanal gab es noch nicht. Da schwamm dann »die gesamte Speisekarte« der Dieburger Straße.

Es gab damals schon zwei Ärzte im Ort. Einer davon wohnte in der gleichen Straße wie wir. Da er jeden Tag zwei Brötchen bekam, wurde ich beauftragt, sie ihm zu bringen. Eines Tages fiel mir eins der Brötchen ins Floss, auf einen Haufen Kaffeesatz. Ich war sehr erschrocken und rannte zur Vermieterin des Arztes. Die wusch die Brötchen ab und backte sie im Backofen noch einmal auf. Ich hatte versprechen müssen, nichts zu verraten. »So knusprige Brötchen hab' ich schon lange nicht mehr gegessen«, war der Kommentar des Arztes.

Schwimmen lernten wir während der Turnstunde im Schwimmbad. Da wir aber nicht immer 10 Pfennige für den Eintritt hatten, gingen wir auch in der Gersprenz, im Abschnitt »in den Heckelgärten« baden.

Noch in den Jahren 32/33 gab es in Dieburg eine jüdische Stoffhändlerin, bei der meine Mutter immer die Stoffe bestellte. Die Kleider nähte sie, wie damals üblich, unter Mithilfe meiner älteren Schwestern selber. Die Kerb nahte und unsere Nachbarn, die ein Telefon hatten, wurden gebeten uns auszurichten, dass der bestellte Stoff abgeholt werden kann. Telefon gab es damals nur sehr vereinzelt. Es war bereits Freitag später Nachmittag, als ich Zeit hatte, den Stoff in Dieburg abzuholen. Es war also schon »Sabbat«. An Sabbat ist es Juden verboten Geschäfte zu machen. Wie ich nun ankam, entschied die Händlerin dass ich den Weg nicht umsonst gemacht haben sollte. Sie gab mir den Stoff und außerdem noch »Matzen«, da sie wusste dass ich ihn gerne aß. Mutter nähte mir ein schönes Kerbkleid und meine Freundin aus der Nachbarschaft bekam aus dem gleichen Stoff, aber mit einem anderen Schnitt, ebenfalls ein Kleid genäht.

Die Kerb war damals, obwohl es nur eine »Reitschule« (Karussell) gab, für uns Kinder ein großes Ereignis. Wir bekamen 50 Pfennig Kerbgeld und die mussten wir uns einteilen. Damals waren »Nappos« zum Naschen sehr beliebt, ein »Nappo« kostete 2 Pfennig, es gibt sie sogar heute noch. Um recht viel von der Kerb zu haben, gönnten wir uns eine Reitschulrunde und sprangen dann – immer wenn die Runde kurz vor dem auslaufen war – auf und hatten so noch zusätzliche, kurze Fahrten. Besitzer der Reitschule waren die Petzolds, die auch heute noch ein Fahrgeschäft betreiben. Unsere neuen Kleider sahen danach leider ganz schön mitgenommen aus. Zuhause angekommen, schimpfte meine Mutter, warum ich nicht besser auf das neue Kleid aufgepasst hätte, sie würde sich noch überlegen, ob ich Montag wieder zur Reitschule gehen dürfte. Der Nachbar meinte: »euch zwei hätte man besser in Muscatorsäcke eingenäht«. Muscator war damals eine Hühnerfuttermarke. Auf der Vorderseite des Sacks war ein prächtiger Hahn abgebildet. Nach langem Bitten und Betteln und vielen Entschuldigungen war Mutter bereit, das Kleid zu waschen. Der Kerbmontag war damit gerettet.

Lebens-Mittelpunkt war die Küche. Dort verbrachte man den größten Teil des Tages. Es wurden Zuckerrüben ausgepresst, um mit dem so gewonnenen Zucker »Latwerije« (Pflaumenmus) kochen zu können. Man traf sich mit der Nachbarschaft, um die Zwetschgen zu kernen. Es war Sitte die Zwetschgenkerne in Eimern zu sammeln und dann bösen Leuten vor die Tür zu kippen. Freilich musste man aufpassen, dass der Polizeidiener Eckhardt einen nicht erwischte, sonst bekam man ganz schön etwas zu hören. Einmal waren meine ältere Schwester und ich mit den Eimern unterwegs, und sahen wie er mit seiner Taschenlampe alle Ecken ausleuchtete. Es blieb uns nichts anderes übrig, als uns im Alten Friedhof zu verstecken. Leider, da es sonst keine Möglichkeit gab, mussten wir uns wohl oder übel zwischen den hohen Brennnesseln ducken, bis er verschwunden war. Dann rannten wir so schnell wie es ging vor das Haus einer Frau, die bei jeder Gelegenheit mit den Kindern immer nur schimpfte, und sogar Wasser über die vorübergehenden Kinder goss. Dort kippten wir unsere Zwetschgenkerne vor die Eingangstür. Die Folgen unseres Versteckspiels in den Brennnesseln merkten wir noch eine ganze Weile. Mutter meinte, dass uns das Recht geschähe. Wir mussten ihr versprechen, nie wieder Zwetschgenkerne auszuschütten.

1934 kam ich aus der Schule. Gerne hätte ich weiter gelernt, um Kindergärtnerin zu werden. Da wir für Schule und Bahn kein Geld hatten, musste ich mit 14 Jahren zu arbeiten anfangen. Zu diesem Zeitpunkt bekam ich auch mein erstes Fahrrad. Als »Portefellerin« verdiente ich 0,28 RM/ Stunde, der Betrieb befand sich in Münster. Jeden Morgen um 6:00 Uhr, egal zu welcher Jahreszeit oder Witterung, fuhr ich mit dem Fahrrad nach Münster. Bis ich abends nachhause kam war es 19:00 Uhr und es war durchaus nicht ungewöhnlich, noch meiner Mutter zu helfen oder die Tiere zu füttern. Um mehr zu verdienen bewarb ich mich als »Anschlägerin«. Die Aufgabe bestand darin, einen Bügel mit kleinen Nieten und goldfarbenen Nägeln zu befestigen. Eine ziemlich schwierige Arbeit, bei der man sehr genau aufpassen musste. Meine Patentante arbeitete in der gleichen Firma und fertigte die Griffe für die Ledertaschen. Da sie Angst hatte, abends alleine in der Firma zu sein, wenn noch eine Terminarbeit fertiggestellt werden musste, leistete ich ihr Gesellschaft und half ihr bei der Arbeit. Im Winter war es manchmal schwierig mit dem Rad zur Arbeit zu fahren. Einmal gab es so viel Schnee, dass wir unsere Räder über Schneehaufen heben mussten, das war sehr anstrengend.

Zum Mittagessen hatte dann jeder einen Tender (Essgeschirr mit Deckel) mit Essen dabei, das in der Firma aufgewärmt werden konnte. Eine Kollegin aß sehr gerne »Schweinefüßchen« und machte sich einen Spaß daraus sich die Knöchelchen ins Gesicht zu kleben. Wir lachten alle darüber wie komisch das aussah. Trotz der vielen Arbeit war es eine schöne Zeit.

1936 waren wir eine Gruppe junger Leute, die mit der Kutsche vom Rollfuhrmannshans, nach Dorndiel zur Kirchweih fuhren. Es war so schön, dass wir die Zeit vergaßen und erst gegen 4:00 Uhr morgens aufbrachen. Als wir endlich zuhause ankamen standen schon alle Eltern bei uns am Tor. Sie hatten sich gesorgt, dass die Pferde womöglich durchgegangen wären, oder sonst etwas Schlimmes passiert sei.

Noch 1937/38 gab es in Dieburg, in der Zuckerstraße, das jüdische Schuhgeschäft »Wiesenfelder«. Dort standen im Schaufenster ein Paar wunderschöne Riemchenschuhe, »Opanken« genannt, sie sollten 16 RM kosten. Von diesen Schuhen träumte ich schon, ich wollte sie unbedingt haben, aber woher 16 RM nehmen? 7 RM hatte ich mir mühsam zusammengespart. Also bettelte ich meine Geschwister an, dass mir jeder 1 RM geben sollte. Mein Vater war dann so lieb, mir ausnahmsweise den Rest zu schenken.

1938 gab es zum ersten Mal ein Kerbmädchen und einen Kerbburschen, sie hießen Anna Dietrich und Hans Dietrich, waren aber von zwei verschiedenen Dietrich-Familien. 1939 war ich dann das Kerbmädchen und Ludwig Lortz, aus der Friedensstraße, mein

Kerbbursche. Wir freuten uns schon sehr auf das Fest, die Kerbrede war geschrieben, ich habe sie noch, und der Kerbstrauß gewickelt. Wie es damals Brauch war, musste die Kerbrede dem Bürgermeister vorgelegt werden. Da der Zeitpunkt aber mit der Mobilmachung zusammenfiel, durfte keine Kerb mehr gefeiert werden. Von den damaligen Kerbburschen sind bis auf zwei alle im Krieg geblieben.

Im September 1939 begann der Krieg. Im Oktober des gleichen Jahres, bekam ich mit etwa 20 anderen jungen Frauen, einen Stellungsbefehl. Wir mussten uns in Dieburg im Kreisamt, zur Untersuchung unseres Gesundheitszustandes, einfinden. Ein Stabsarzt und zwei Assistenzärzte untersuchten uns und erklärten uns für wehrdienstwichtige Tätigkeiten tauglich. Anfang 1940 musste ich, mit vielen anderen jungen Frauen, nach Hessisch-Lichtenau in eine Munitionsfabrik einrücken. Es war eine ziemlich große Anlage, mit verschiedenen Gebäuden. Wir waren in Wohnbaracken untergebracht und schliefen auf Strohsäcken, wenigstens hatten wir Federbetten und Decken, da es ein sehr strenger Winter war.

Die Verpflegung kam von einer Großküche, die ebenfalls zu der Anlage gehörte. Fleisch war eine Seltenheit, bis eines Tages heraus kam, dass der Koch das Fleisch verkaufte. Daraufhin wurde er mit sofortiger Wirkung an die Front versetzt, d. h. er musste Kochlöffel gegen Tornister tauschen. Da von meinem damaligen Freund, auf keinen meiner Briefe, eine von mir so sehnsüchtig erwartete Antwort kam, wurde mein Heimweh und mein Liebeskummer immer größer. Auch er war mittlerweile eingezogen worden und ich befürchtete, dass er womöglich gefallen, oder in Gefangenschaft geraten wäre. Dass seine Mutter die gesamte Post einbehielt, konnte ich ja nicht wissen.

Unsere Aufgabe in Hessisch-Lichtenau war, Schiffsmunition/ Granaten herzustellen. Dafür musste das Pulver, auf das Gramm genau gewogen, und in Kegel gefüllt werden. Bei zu viel Pulver konnte es sehr leicht zu einer Explosion kommen. In diesem Fall wäre sofort die Gestapo aufgetaucht, um zu prüfen ob ein Sabotageakt vorliegt. Nach dem Füllen der Kegel, wurde eine Presse in einen Holzverschlag gefahren, und das Pulver in Kegelform gepresst. Mit der Schieblehre wurde die genaue Länge nachgemessen. Einzelne Kegel wurden zusammengesetzt, in Paraffin getaucht, getrocknet, mit einer Papphülse versehen und dann in Kisten verpackt und mit Zündern versehen – fertig war die Granate. Aus Sicherheitsgründen durften nie mehr als fünf bis sechs Kisten im Raum stehen. Sobald die entsprechende Anzahl komplett war, wurden die Kisten in einen Bunker transportiert und dort gelagert. Ein Vorarbeiter, der sich durch Herstellen der meisten Granaten hervortun wollte, hatte ein System entwickelt, den Zünder anstatt von Hand, maschinell aufzusetzen. Außerdem hielt er sich nicht an die vorgegebene Kistenanzahl, die in einem Raum gelagert werden durfte. So kam es wie es kommen musste. Eines Tages gab es einen Funkenflug und der ganze Bau flog in die Luft. Leider kostete sein Ehrgeiz nicht nur ihm, sondern auch 25 jungen Frauen das Leben. Selbst zwei Mitarbeiter, die außen vor dem Bau mit handwerklichen Arbeiten beschäftigt waren, kamen dabei um. Da eine Identifikation der Opfer, auf Grund der Wucht der Detonation, unmöglich war, legte man zu den menschlichen Teilen Steine in die Särge. Da ich einen Teil der jungen Frauen persönlich gekannt hatte, nahm mich dieses Ereignis sehr mit. Dann erkrankte noch meine Freundin und Zimmergenossin Erna Reitzel. Zuerst wurde sie erfolglos im Lazarett behandelt und schließlich nach Hause entlassen, wo sie bald darauf verstarb. Jetzt wusste ich warum wir die Heidelbeeren aus dem nahen Wald und den Feldsalat, auf den Äckern aus der Umgebung der Munitionsfabrik, nicht essen durften. Erna war also an einer Berufskrankheit gestorben, die aber niemand anerkennen wollte. Ihre Mutter, die in armen Verhältnissen lebte, erhielt damals keinen Pfennig Entschädigung.

Da unsere Sekretärin im Depot Unterstützung brauchte, bewarb ich mich und bekam die Stelle. Außerdem nahm ich an der Ausbildung zum Katastrophenschutz teil und war im Roten Kreuz organisiert. Durch meine Arbeit im Büro war es mir möglich, bei unserem Chef ein gutes Wort für zwei Frauen aus Groß-Zimmern einzulegen, die daraufhin aus der gefährlichen Granatenherstellung in die Packerei versetzt wurden.

In Hessisch-Lichtenau gab es auch Lokale, in denen man ohne Marken Kaffee und Kleingebäck bekam. Nach der Detonation war mein Liebeskummer und mein Heimweh noch stärker geworden, und ich war sehr traurig. Ein Meister vom Munitionsdepot, mit dem ich dienstlich des öfteren zu tun hatte, half mir in dieser schweren Zeit indem er mir zuhörte und mich mit in den Ort nahm. Nach Feierabend durften wir ausgehen, mussten aber um 22:00 Uhr zuhause sein. Dies wurde streng kontrolliert. Vor der Anlage stand ein Soldat Wache. Er musste jeden, der zu spät kam, aufschreiben. Beim ersten und zweiten Mal gab es einen strengen Verweis, beim dritten Mal wurde man mit vollem Namen, am Schwarzen Brett, öffentlich zurechtgewiesen. Das wollte keiner riskieren.

Von meinem Freund hörte ich nach wie vor nichts und glaubte auch nicht mehr daran, ihn jemals wieder zu sehen. So war ich froh, in dem Meister aus dem Munitionsdepot, einen verständnisvollen Menschen gefunden zu haben, der mir neuen Lebensmut und Zuneigung schenkte. Wir verstanden uns so gut, dass wir schon nach einem halben Jahr wussten, dass wir heiraten wollten. Die Papiere für die Hochzeit waren bereits ausgestellt, mittlerweile war ich schwanger und wir freuten uns auf unser gemeinsames Kind. Dann wurde mein künftiger Mann an die Front versetzt. Nach acht Wochen eröffnete mir der Bürgermeister von Hessisch – Lichtenau, dass mein Bräutigam gefallen sei. März 1941 wurde ich hochschwanger entlassen und wohnte wieder bei meinen Eltern. Ohne ihren Rückhalt hätte ich nicht gewusst wie ich alles meistern sollte.

Während ich Haus und Hof und mein kleines Mädchen versorgte, kümmerten sich meine Eltern um das Feld. Mittwochs war Waldtag, dann ging alles was gehen konnte »ins Holz«. Säge oder Beil waren offiziell verboten, natürlich hatten wir, wie viele andere auch, unsere Tricks. Wir befestigten das Werkzeug unter dem Handwagen.

Dann zogen wir los, bis an die »Grenzschnaase« (Grenzschneise) zum Dieburger Wald. Den Handwagen ließen wir auf Zimm'ner Gemarkung stehen. Auf Dieburger Gemarkung sägten wir dürre Bäume ab, die wir dann zu unserem Handwagen schleppten, in handliche Stücke schnitten und mit viel Reisig bedeckt nach Hause fuhren. Einmal erwischte uns der Dieburger Förster. Wir durften dann das Holz zwar behalten aber er versprach uns, dass wir das nächste Mal nicht ungestraft davon kämen. Eine Woche danach holten wir noch die restlichen drei dürren Bäume, weil meine ältere Schwester meinte, dass der Förster heute bestimmt nicht schon wieder in der Nähe sei.

Eines Tages rief bei unseren Nachbarn eine Freundin aus Frankfurt an, die mit mir im Munitionslager gearbeitet hatte. Sie meinte ich sollte zu ihr kommen, da sie viel Stoff aus der Schweiz bekommen habe und ich könnte mir davon nehmen was ich brauchte. Da Stoff damals kaum zu bekommen war, ich für meine Kleine aber dringend Kleider nähen musste, fuhr ich mit dem Zug nach Frankfurt. Mir gegenüber saß ein Mann, der mir irgendwie bekannt vorkam, und sich als Förster aus dem Dieburger Wald zu erkennen gab. Im Laufe des Gesprächs meinte er: »dass ihr Zimm'ner Mädchen die Courage hattet, noch mal in meinen Wald zu kommen, hätte ich nicht gedacht, alle Achtung.«

1943 zog auch meine Schwester mit ihren beiden Kindern wieder zu uns. 1944 kam mein Bruder für eine Nacht und einen Tag überraschend nachhause. Er war in Sizilien bei der Flak (Flugabwehr) stationiert gewesen und sollte an die Ostfront verlegt werden. Als der Zug in Dieburg hielt, ergriffen er und ein Kamerad die Gelegenheit auszusteigen und nachhause zu laufen. Mein Vater machte ihnen klar, dass sie als »Fahnenflüchtige« viel Ärger bekommen würden. Am nächsten Morgen fuhren sie zu ihrer Dienststelle an der Ostfront. Als Begründung gaben sie an, dass sie dringend auf Toilette gemusst hätten und der Zug schon abgefahren war, als sie zurück kamen. Glücklicherweise wurde ihnen geglaubt. Leider fiel der Freund meines

Bruders gleich zu Beginn der Offensive, und mein Bruder kam mit erfrorenen Füßen nachhause.

In den Jahren 1944 bis Anfang 1946 bin ich immer wieder nach Wenig - Umstadt gefahren. Da der Ort schon zu Bayern gehörte, war es möglich dort Fleisch, Wurst oder Speck ohne Karten zu bekommen. Bei einem meiner Besuche betrat ich eine Metzgerei, in der ich niemand antraf. Nachdem ich mich umgesehen hatte, entdeckte ich in einem Raum eine ältere Frau, die an einem riesigen Korb mit Flicken saß und Kleidung ausbesserte. Nachdem ich ihr eine Weile zugesehen hatte, kamen wir ins Gespräch. Ich merkte wie schwer ihr diese Arbeit fiel. Nachdem ich ihr sagte, dass ich sehr gut flicken könnte, überließ sie mir gerne den Korb und innerhalb von zwei Stunden hatte ich alles geflickt. Zum Dank dafür wurde ich reichlich mit Wurst und Fleisch versorgt. Ab da fuhr ich regelmäßig nach Wenig – Umstadt und erhielt für meine Arbeit viele gute Lebensmittel, die wir dringend benötigten.

Einmal trat ich mit einer Tasche voll guter Sachen meinen Heimweg an und sah schon von weitem eine Polizeikontrolle bei Klein-Umstadt. Es war ja damals verboten, Lebensmittel ohne Karten zu haben. Sollte denn meine Arbeit völlig umsonst gewesen sein? Wie es der Zufall wollte, war einer der Polizisten mit der Kontrolle eines Lastwagens beschäftigt. Der andere – er hatte nur einen Arm und ich schloss daraus, dass er im Krieg gewesen war, schaute kurz in meine Tasche und sagte: »fahren sie, so schnell sie können!« So schnell bin ich noch nie geradelt, obwohl es bergauf ging.

1945 kam mein Neffe zur Welt. Die Hebamme sagte, dass er unbedingt Zucker brauche, weil er sonst nicht überleben würde. Mit meiner Schwester gingen wir zur amerikanischen Kommandatur, die im »Glöckelchen« untergebracht war. Der Bruder des ehemaligen Rektor Held arbeitete, aufgrund seiner Englischkenntnisse, dort als Übersetzer. Da wir warten mussten bis der Captain für uns Zeit hatte, unterhielten wir uns über den Krieg und über meinen Vater. Thema war auch, dass aus meiner Familie keiner bei der Partei gewesen war. Dann rief uns der Captain in sein Büro und fragte was wir wollten. Er sprach sehr gut Deutsch und hatte unser Gespräch im Gang offensichtlich mitgehört. Wir erhielten den so dringend benötigten Zucker und wurden sogar aufgefordert wieder zu kommen wenn wir sonst etwas bräuchten.

1946 konnte ging ich wieder arbeiten. Die Firma Wittekind Strickwaren in der Kreuzgasse, später Gartenstraße, beschäftigte mich als Springerin. Für die Firma arbeiteten damals zwischen 90 bis 100 Mitarbeiter, vorwiegend Frauen. Als Betriebsratsvorsitzende wählte man mich auch als Arbeitnehmer - Vertreterin in den Vorstand der AOK Dieburg. Diese Aufgaben nahm ich bis Ende 1958 wahr. So manches Mal war es für mich unumgänglich, den Arbeitgebern die Meinung zu sagen. Wir hatten damals sehr viel Arbeit. Manchmal so viel, dass der Chef abends um 11:00 noch Brötchen und Fleischwurst holte, damit wir weiterarbeiten konnten.

Dann lernte ich meinen späteren Mann (Grohe) kennen, der ein Haus in der Dieburger Straße (nicht weit von meinem Elternhaus) kaufte und dort eine Fahrschule eröffnete. Nach der Geburt meiner Tochter (Ende

1958), war ich »nur« Hausfrau und erledigte die Buchhaltung für meinen Mann.

Die Kinder aus der Nachbarschaft waren gerne bei uns. Wir grillten Würstchen, machten Kartoffelfeuer im Garten – damals störte sich noch niemand daran – und ich spielte sogar mit ihnen Fußball. Wenn kein Torwart da war, musste ich auch als Torwart einspringen.

Eine schöne Aufgabe war auch, fast für die ganze Dieburger Straße, den Nikolaus zu spielen. Der Rote Mantel, das Goldene Buch, die Mütze alles war da. Aber mit dem Bart war es etwas schwierig, bis ich auf die Idee kam, aus einem Hanfzopf einen Bart und passende Augenbrauen zu basteln.

An einen Nikolausabend erinnere ich mich noch ganz besonders: Familie Seibert hatte Zwillinge und deren Mutter hatte mich schon eingeweiht, dass der eine den anderen nicht schlafen ließ und ihn immer wieder aufweckte. Ich las dann aus dem Goldenen Buch: »Wie ich lese lässt du deinen Bruder nicht schlafen?« Kleinlaut gab er es zu und versprach Besserung. Sein Bruder meinte dann: »der lässt so viele Fürze«... Klar, dass alle Anwesenden herzhaft lachen mussten. Selbst als die Kinder schon 12 waren und nicht mehr an den Nikolaus glaubten, baten sie mich, trotzdem weiterhin den Nikolaus zu spielen, »weil das immer so schön gewesen war«.

Eine Zeit lang hatte ich im Garten Schilf in einer Ecke und davor eine Sitzbank. Nun hat Schilf die Eigenschaft im Frühjahr ganz dürr zu sein. Die Stängel sind aber so hart, dass es eine böse Plackerei ist, sie abzuschneiden. Deshalb kam ich auf die Idee sie abzubrennen, hatte aber vorsichtshalber einen Eimer Wasser in Reichweite stehen. Ich zündete nun das Schilf an und war ganz erschrocken, was für eine riesige Flamme in die Höhe schoss. Eine Nachbarin in der Parallelstraße war nahe daran die Feuerwehr zu rufen. Bis sie aber dort anrufen konnte, hatte ich den Brand mit dem bereit stehenden Wasser gelöscht.

Anlässlich einer Vogelausstellung bekam ich einen Kanarienvogel geschenkt, der so zahm war, dass ich ihn im Zimmer fliegen lassen konnte. Zu Frühlingsbeginn, es war noch ziemlich kühl, hatte ich auf der Fensterbank Vogelfutter ausgestreut und das Fenster einen Spalt geöffnet. Da kam ein Grünling geflogen und schnäbelte mit dem Kanarie, den ich in seinem Käfig ans Fenster gestellt hatte. Von da an kam der Grünling jeden Tag und klopfte sogar ans Fenster, wenn es noch geschlossen war. Eines Tages stellte ich den Käfig in den Garten – die Nächte waren noch kühl – und ließ meinen Kanarienvogel mit dem Grünling um die Wette fliegen. Ich hoffte, da er so zahm war, dass er auf jeden Fall wieder zurückkommen würde. Am Abend war er nicht da, aber am nächsten Morgen saß er frierend in seinem Käfig. Deshalb öffnete ich, als es wärmer wurde, wieder den Käfig und ließ Hansi fliegen. Leider kam er dieses Mal nicht mehr zurück. Eine Nachbarin, die viele Hecken im Garten hatte erzählte, Hansi hätte eine Familie gegründet und zeigte mir das Nest mit den Eiern. Hoffentlich hat ihn nicht eine Katze erwischt.

Mittlerweile waren meine beiden Töchter erwachsen. 1963 heiratete meine Älteste und zog nach Riedstadt, OT Goddelau. Zur Geburt ihres ersten Kindes kam sie wieder ins Elternhaus, sie wollte unbedingt, dass ich bei der Geburt dabei sein sollte. Noch 1963 wurde meine erste

Enkelin geboren, 1966 mein Enkelsohn. 1966 war auch das Jahr, in dem meine Mutter starb, mein Vater war schon 1959 gestorben.

1978 zog die zweite Tochter, mit ihrem damaligen Freund, nach Niedernhausen. Mein Mann verstand sich mit meinen Töchtern und Enkelkindern sehr gut und wir besuchten beide Töchter regelmäßig.

1987 starb mein Mann. Ein halbes Jahr später trat ich dem Arbeitergesangverein bei und sang bis zur Auflösung des Frauenchors.

1989 war das Jahr der Goldenen Kerb, für mich als Kerbmädchen und Ludwig Lortz als Kerbvater. 1939 konnten wir ja, weil kurz zuvor die Mobilmachung ausgerufen worden war, nicht feiern. Aber dieses Mal wollten wir das Traditionsfest richtig genießen. Wie schon erwähnt, sind von den damaligen Kerbburschen bis auf zwei alle im Krieg geblieben. Wir nahmen also zuerst am Kerb-Gottesdienst teil und dann am Umzug, der sehr schön war und nicht so laut wie heute. Danach gingen wir, da alle Wirtschaften sehr voll waren zu mir nachhause und saßen in gemütlicher Runde bei Kaffee, Kuchen und kalten Platten. Abends ging es dann zum Kerbtanz in die Mehrzweckhalle. Es machte richtig Spaß, wieder einmal ausgiebig tanzen zu können. Danach trafen wir uns regelmäßig jeden Monat.

1989 war es auch, als der Ortsvereinsvorsitzende des VDK anfragte, ob ich nicht Büroräume vermieten wolle. Ich bewohnte ja das große Haus ganz alleine. Der VDK - Kreisvorsitzende suchte für seine wöchentlichen Sprechstunden Räume und so kam es, dass seit 1989 der VDK in meinen Haus bis Anfang 2011 ein Büro unterhielt, und von mir ab und zu mit einem selbst gebackenen Kuchen verwöhnt wurde. Meine sechsjährige Vorstandsarbeit im VDK, und das Backen von

Kuchen für die Frauentreffen, habe ich mittlerweile aus Altersgründen aufgegeben. Es ist an der Zeit, dass Jüngere meine Aufgaben übernehmen. Die Arbeit in Haus und Garten wächst mir so langsam über den Kopf. Dieses Jahr werde ich 91, und habe seit meinem Unfall in 2008, auch ein paar gesundheitliche Probleme. Die HEAG hat damals in unserer Straße einen Kanal für Versorgungsleitungen gegraben und versäumt die Anwohner zu informieren, wann die Leitungen verlegt werden. Dummer Weise stand ich gerade über den Leitungen, als einer der Bauarbeiter damit begann sie zu verlegen. Ich wurde umgerissen und einige Meter mitgeschleift, bis meine Hilferufe gehört wurden. Das Gerichtsverfahren ist demnächst, wie es ausgehen wird ist völlig offen.

Eine erfreuliche Begebenheit hat ganz überraschend mein Leben bereichert. Mein ehemaliger Freund, von dem ich auf keinen meiner Briefe je eine Antwort erhalten hatte und den ich deswegen für vermisst oder tot gehalten hatte, war erst 1950 aus russischer Kriegsgefangenschaft heimgekehrt. Dann hatte er, auf Wunsch seiner Mutter, ein anderes Mädchen geheiratet und wir hatten viele Jahrzehnte keinen Kontakt.

Nachdem er nun, genau wie ich, schon seit vielen Jahren alleine lebt, nahm er, durch Vermittlung einer gemeinsamen Bekannten, mit mir Kontakt auf. Erst jetzt haben wir uns über die Ereignisse der Kriegsjahre ausgetauscht. Wir sind nun Beide einundneunzig Jahre alt und verbringen ab und zu einen Teil der Zeit, die uns noch bleibt, miteinander.

Die Bawie, was so viel wie Barbi, Bärbel, Barbara heißt

erzählt von Friedel Bauer

Die Bawie war die Tochter vom Schenster (Herbert) und hatte eine Haushalts- und Eisenwarenhandlung. Heute existiert noch an der gleichen Stelle eine Schusterwerkstatt. Barbie trug stets eine Kittelschürze.

Heute würde man die Barbie als Unikum bezeichnen. Ihr Laden war ein einziges Chaos, das nur sie alleine souverän beherrschte. Das Sortiment würde heute jedem Baumarkt zur Ehre gereichen, von der kleinsten Schraube bis zur Heizdecke, vom Fahrrad, bis zur Unterlegscheibe, alles konnte man dort bekommen. Wenn man den Laden betrat, spielte sich folgender Dialog ab:

Bawie: »Ei, Gemoje Nochber, wos brauchste donn? «

Kunde: »Ich hätt gern a Schreibsche M4 x 20.«

Bawie: «Ja, en Zylinder-, Linse-, orrer Senkkopp, des misst ich schon wisse.«

Kunde: D, loß mich emol iwwerleje. Ich nemme e Zylinderkopp-schrauwwe.«

Bawie: »Wonn ich des waas isses gut, ich gucke emol un bin glei wirrer do«, hotse gesoat und wor donn vier bis fünf Minute verschwunne. »Horsch emol, ich heb gor nit gefregt, Messing orrer verchromt?«

Kunde: »Ja wos hoste donn do?«

Bawie: »A ich heb alles.«

Kunde: »Ja donn brengste mer a Zylinderkopp M 4 verchromt.«
Bawie: »Brauchste oa orrer zwaa?«
Kunde: »Eigentlich oa, ewwer breng mer zwaa, do hew ich Reserve. «
Donn hots wirrer e poar Minute gedauert,bis die Bawie mit denne zwaa Schrauwwe uffgetaucht is.
Kunde: »Wos willste don hewwe for die zwaa Schreibchen? «
Bawie: »Do muss ich in moine Liste gugge, ach ja, do, gibst mer 12 Pennisch. «
Kunde: »For oa orrer for alle zwaa? «
Bawie: »For alle zwaa! «
Kunde: »Ich heb ewwer blous 20 Pennisch. «
Do guckt se in ehr Kass un segt: »ich konn der ewwer nit rausgewwe, do muß ich iwwere in die Wohnung. Ich bin glei wirrer do.«
Ewwer des wollt ich nit, do hew ich gesoat, dass ich uff des Wechselgeld verzichte det. In de Zwischezeit wor en neije Kunne kumme . Bawie: »Setz dich Lui, mer sinn glei fertisch.«
»Horsch emol, wor des alles wos de wollst? «
Kunde: »A noa, do fellt mer noch ebbes e, ich breicht a noch a Gliehbern.«
Bawie: »Wos brauchtste donn for oa ?«
Kunde: »A 25 Watt.«
Bawie: »Innedrin matt orrer kloar?«
Kunde: »Geb mer liewer oa inne matt.«
Bawie: »Ich bin glei wirrer do.«
Donn is die Bawie wirrer in ehm Dorchenoanner unnergetaucht und noch drei bis fünf Minute wor se wirrer do.
»Sou, do hoste doi Gliehbern 25 Watt, inne matt, Sockel E 14.«

Kunde: »A ich brauch ewwer oa mit Sockel E 27 for die Kicheloampe.«
Bawie: »Des macht nix, ich laafe joa gern.«
Wirrer drei bis vier Minute spärer wors richtige gefunne.
Noch ene knappe halwe Stunn gehjt der Kunne ausem Loare. Wie er schon on de Deer is, rifft sem noch no:
„Soll ich der a Ditsche gewwe, dass de die Schreibchen a nit velierst?«
Kunde: »Noa, ich muss doch blouß iwwer die Stroaße.«

Die Stroaße wor de Viehweg und die Leit, die wou dort gewohnt hewwe zu denne hot mer »Viehwegser« gesoat.

De Viehweg hat a soin eigene General, de »Viehwegsgeneral«, ewwer des is e oaner Geschichte.

»Das Leben besteht in der Bewegung«
(Aristoteles)

Der Viehwegsgeneral und seine »Truppe«

erzählt von Friedel Bauer

Während des 2. Weltkrieges entwickelte sich in meiner frühen Jugendzeit, ich war damals etwa elf, auch regional ein erbitterter Krieg. »Kriegsgegner« waren die jugendlichen Bewohner von »Ulla Born«, die sich erdreisteten, für den Durchgang nach Dieburg, von Kindern und Jugendlichen eine Art Wegzoll zu erheben.

In »Ulla Born« standen Holzbaracken, die von sozial schwachen Familien bewohnt wurden. Deren Bewohner waren in Groß Zimmern nicht gern gesehen und genossen nicht unbedingt den besten Ruf

So erklärten hauptsächlich die Anwohner des Viehwegs, der Bahn- und der Ludwigstraße, »Ulla Born« offiziell den Krieg. Die Mobilmachung wurde ausgerufen und die Viehwegsarmee gegründet, verstärkt durch Kämpfer aus ganz Groß Zimmern, auch 5 – 6jährige, die für den Munitionsnachschub (Schottersteine) sorgen mussten.

Der Viehwegsgeneral ließ sich von seiner Mutter eine originalgetreue Reichkriegsfahne nähen, die er bei allen Kampfhandlungen stolz vorantrug. Schon die erste Schlacht, die in Richtung Dieburg bei der Unterführung der alten B26 tobte, hinterließ viele Verwundete. Die Parteien zogen sich zurück und vereinbarten für den folgenden Tag den nächsten Kampf. Außer dem bannertragenden Viehwegsgeneral, verdient noch Hans Stoller, der sich durch besonders großen Einsatz hervortat Erwähnung. Tragischerweise kam er mit nur 14 Jahren, an seinem Geheimbunker im Glockenrain, beim reinigen eines Gewehres zu Tode.

Schließlich trauten sich die Zimm’ner, alleine und »unbewaffnet«, nicht mehr nach Dieburg und umgekehrt. Irgendwann im Laufe der vielen Kämpfe ging der 2. Weltkrieg in die Endphase und durch den Einsatz der angloamerikanischen Tiefflieger, kam es nicht mehr zur entscheidenden Schlacht, sie musste bis nach dem Ende des Krieges vertagt werden.

Durch Belegung der sogenannten SA-Siedlung, - die Ulla Born vorgelagert war-, durch Juden aus Osteuropa, kam es aber nicht mehr dazu.

Ganz allmählich gestaltete sich das Verhältnis, Groß Zimmern zu Ulla Born, im Laufe der nächsten Jahre friedlich. Zwar werden die Groß Zimmerner auch heute noch von den Dieburgern, besonders an Fastnacht, auf die Schippe genommen und umgekehrt, aber das ist niemand mehr einen »Krieg« wert.

Der Haschert

erzählt von Friedel Bauer

Walter Haschert, nur »Haschi« genannt, war, obwohl von der Natur etwas benachteiligt, beim FSV und beim »Georgi« gern gesehen. Mit Stolz und Gewissenhaftigkeit erfüllte er seine Aufgabe als »Linienrichter«. Frozzeleien von den Zuschauern nahm er einfach als selbstverständlich hin. Eines Tages verabredeten die Fußballer: »heute sagen wir zum Haschi einmal überhaupt nichts, mal sehen was passiert«. In der ersten Halbzeit schaute er fragend zu den Zuschauern. Man merkte, dass er zusehendes verunsicherter wurde. In der Pause kam er dann: »was ist denn heute los, habe ich was falsch gemacht?« In der zweiten Halbzeit wurde wie üblich gestichelt und der Haschert war wieder zufrieden.

So lange die Traditionsgaststätte »Georgi« existierte, hatte er dort Arbeit und einen Schlafplatz. Da er über »Bärenkräfte« verfügte bestand seine Arbeit hauptsächlich darin, die schweren Kästen und Fässer zu schleppen. Gerne bat man ihn auch um Hilfe beim Bau. Eines Tages ging er Frühstück holen und kam mit 4 halben Hähnchen und 10 Brötchen zurück. Gefragt, was er denn mit so vielen Brötchen und Hähnchen wolle, man sei doch nur zu dritt, meint er: »zwei halbe und fünf Brötchen sind für mich, der Rest ist für euch.«

Als »Georgi« sein Lokal aufgab zog er wieder nachhause zu seiner Mutter und arbeitete als Hilfskraft bei einem Weißbinder. Die Verputzer mussten sich ganz schön ranhalten, den Speis so schnell zu verarbeiten, wie der Haschert ihn mischte.

Leider wurde ihm eines Tages seine große Hilfsbereitschaft, und das Vertrauen in seine Kräfte, zum Verhängnis. Damals gab es an der Gersprenz noch keine Überlaufflächen. Lediglich ein altes Wehr, dass von der Feuerwehr bei drohenden Hochwasser geöffnet wurde, existierte. Der Mechanismus war ziemlich eingerostet. Da es den Feuerwehrmännern nicht gelang das Wehr zu öffnen, meinte Haschi, der zufällig in der Nähe war: »weg da, lasst mich mal probieren.« Dabei bekam er das Übergewicht und stürzte in den Katzengraben. Selbst wenn er hätte schwimmen können, hätte ihm das bei dieser Geschwindigkeit des Hochwassers, dass ihn mit sich fortriss nichts genützt, und so ertrank er leider, weil er helfen wollte.

Vom August und paar anderen

erzählt von Friedel Bauer

Das letzte Mal habe ich ja von der »Babi« erzählt und dass ich ein »Viehwegser« bin. Sogar einen eigenen General hatten wir. Der war ein Sohn von der »Rasse Anna« und vom »Hänsches Franz« und seine Großmutter war die »Hänsches Marri.«

Gegenüber hat später der Petris August gewohnt, der war mit dem »Schuhfranze Julche« verheiratet. Der August hat mit Bürsten gehandelt, so wie noch mehrere in Zimmern. Die sind morgens um sieben nach Frankfurt und Offenbach gefahren und haben Besen, Bürsten und noch anderen Krempel verkauft. Wenn die abends heimkamen, hat die Frau ihr Haushaltsgeld bekommen, und sie sind dann in die Wirtschaft einen trinken gegangen.

Einmal sollte der August zur Kerb Sauerkraut im Töpfchen holen, aber die Kerb war doch so schön und das Bier so gut, dass er drei Tage fortgeblieben ist. Sein Julchen hat ihn schon am Tor empfangen: »ja du Saufnas, solltest mir bloß Sauerkraut holen!«. Da hat er ihr das Töpfchen gezeigt und gesagt: »ja was willst du denn, da ist es doch!

Jetzt komme ich wieder auf den Viehwegsgeneral zu sprechen. Das war so ein bisschen ein Sprüchemacher, und weil er sich von seiner Mutter die Reichskriegsfahne hat nähen lassen, war er eben unser General. Ja mir waren schon ein schöner Haufen. Die älteren von uns sind schon in die Lehre, oder in den Krieg gegangen, und wir haben da weitergemacht, wo die aufgehört hatten. Wir sind nicht nur in Feld und Wald herumgestromert, sondern haben auch den Kampf, gegen die Ulla Born, fortgesetzt, den die Älteren angefangen hatten. Weil ja damals Kriege so Mode waren, haben wir unseren eigenen Krieg führen müssen.

Aber wir haben nicht nur Krieg geführt, wir haben »DJLchen« (gesprochen: De – Jot – El che = Deutsche Jugendlager) in Hecken, Büschen und auf Bäumen gebaut.

Unser Hauptgebiet war die »Sange«, die heute total zugebaut ist, das heutige Waldgebiet. Dann waren wir natürlich auch gerne im Fischwasser, das ist da, wo sich heute die »Birkenruhe« befindet. Ich kann mich erinnern, dass wir zu dritt oder viert auf einer Birke gehockt haben und der Förster Obmann uns mit seinem Gewehr aufgelauert hat. Er hat geglaubt wenn er schreit: »runter mit euch« ,kämen wir vom Baum. Aber wir haben uns nicht darum geschert. Nach einer viertel Stunde hat er so getan, als ob er fortgeht und gedacht, wir wären so blöd herunter zu steigen. Dabei wussten wir ganz genau, dass er hinter einem Busch auf uns wartet. Wir sind so lang sitzen geblieben bis er aufgegeben hat und fortgegangen ist.

Jetzt muss ich noch einmal auf den Krieg gegen die Ulla Born zurückkommen.

Meistens haben wir uns am »Schleppers Eck«, an der Bahnlinie, getroffen und von dort aus sind wir, der Viehwegsgeneral natürlich vorne weg, die Grossen dahinter ,und die Kleinen, die für uns die Munition schleppen durften zum Schluss (die Schottersteine von der Bahnlinie), Richtung Dieburg marschiert. Meistens sind wir nur bis hinter die Brücke gekommen, die damals schon gestanden hat. Die

Straße vom Waldeck her, Richtung Ampel, da wo heute die Firma Sauer ist – war noch nicht fertig. Die ist erst 1949 gebaut worden, da war ich nämlich als »Kaffeebub« (für alle kleineren Handreichungen) dabei.

Die von der Ulla Born waren nicht so blöd, wie wir geglaubt haben – obwohl sie von Dieburg waren. Die haben sich an der Brücke versteckt und uns aufgelauert. Wie wir unter der Brücke durch waren, haben sie uns mit Schleudern und Steinen bombardiert. Wir hatten einen dabei, der hat sich immer vornehm ausgedrückt und hat statt Schleuder »Katzebull« gesagt. Bei den »Kriegshandlungen« hat es die ersten blutigen Köpfe gegeben und wir mussten uns zurückziehen – mit anderen Worten – wir sind durchgegangen.

Natürlich haben wir nicht jeden Tag Krieg geführt, wir mussten ja auch noch Aufgaben machen. Aber eine zeitlang hat sich das schon hingezogen. Dann war es so, dass ein paar Zimmerner in Dieburg zur Schule gegangen sind, die wurden von den Drecksäcken gehauen. Ab und zu sind die dann über Klein-Zimmern heimgegangen, weil sie Angst hatten.

Lange hat es nicht mehr gedauert, dann hat sich bei uns der richtige Krieg abgespielt, und das war nicht mehr schön. Die haben nämlich nicht mit Schleudern geschossen, sondern mit Maschinegewehren auf die Leute im Feld.

Ich kann mich noch erinnern, dass wir zum «Rappe See« – heute «im rauen See« - wo heute ASS und Sportplatz sind, zum Schlittschuhlaufen wollten. Groß-Zimmern hatte damals noch einen Bahnhof. Auf den Bahngleisen nach Darmstadt standen die vollgeladenen Güterwaggons. Da haben die amerikanischen Jabos

(Jagdbomber/ Tieffflieger) sie am helllichten Tag bombardiert und wir sind im Schilf gelegen und hatten vor Angst die Hosen gestrichen voll.

Danach hat es nicht mehr lange gedauert, der richtige Krieg und der gegen die Ulla Born waren zu Ende. Wir sind zur Arbeit gegangen und die Zeiten unserer Jugendstreiche waren vorüber.

Der FSV Groß-Zimmern

erzählt von Friedel Bauer

1946 – 1948 war der FSV ungeliebter »Gast« des TV, da er keinen eigenen Sportplatz hatte. TV und FSV hatten so ihre Schwierigkeiten miteinander. Als Beispiel für die laufenden Querelen mag folgendes dienen: in der Spielsaison 46/47, bei einem Jugendspiel am Sonntag Morgen, trieb Frau Eva Dietrich ihre Gänse quer über das Spielfeld. Das Spiel musste für längere Zeit unterbrochen werden, weil Frau Dietrich es nicht besonders eilig hatte, die Gänse über den Platz zu treiben. Die Gemeinde wurde um ein Grundstück gebeten, das man kaufen konnte um darauf einen Sportplatz zu bauen.

Endlich wurde dem FSV ein Stück zugewiesen. Es handelte sich um eine Feuchtwiese, auf der in Selbsthilfe, in der Zeit von Frühjahr 1949 bis Spätherbst des gleichen Jahres, ein Sportplatz gebaut wurde. Alles was zupacken konnte, von Jung bis Alt, war auf den Beinen und half mit, unterstützt von der Straßenbaufirma Kramer, die kostenlos Feldbahngleise und Loren zur Verfügung stellte. Die Torbalken waren aus Holz und wurden von der Firma Kempf, Nachf. Brunnen, gestiftet. Da der FSV kein Geld hatte, diente Maschendraht als Tornetz.

Das Flutlicht – natürlich auch selbst angefertigt – bestand aus zwei Holzmasten und 2 Lampen mit je 200 Watt.

Von der Gemeinde, oder sonstigen Institutionen, kam keine irgendwie geartete Hilfe. Das erste Spiel war der reinste »FC Staubwolke«.

In den 60er Jahren legte der FSV, auch wieder in Eigenhilfe, Drainage. Dann musste der Platz in den 70er Jahren dringend renoviert werden und wir fragten, mangels anderer Möglichkeiten, beim TV an ob sie uns, als Übergangslösung, einen Platz vermieten würden. Es war ziemlich schwierig, sich über die Platzmiete einig zu werden. 1967 kam dann während der Generalversammlung die Frage auf, ob nicht ein Gemeinde – Sportzentrum gebaut werden sollte. Wie immer gab es Verfechter und Gegner. Im nachhinein kann man sagen, dass es für den FSV gut war und ist, dass diese Idee nicht verwirklicht wurde. Ich bin seit 1946, mit einer Unterbrechung von 10 Jahren in der ich in Darmstadt gewohnt habe, bis heute Mitglied beim FSV und das bleibe ich auch so lange ich lebe.

Noch mehr Erinnerungen,

von Helmut Riebel und Erwin Sänger

Vor dem Krieg gab es in der Reinheimer Straße das Café Mager. Dort versammelten sich auch viele Narren zur Fastnachtszeit. Der alte Mager hatte die Angewohnheit, egal wohin er ging, einen Zylinder zu tragen. Die bunten Mützen wurden am Ende der Fastnachts-Saison eingesammelt und aufbewahrt. Ein Witzbold hatte sie in den Zylinder vom Mager gesteckt. Eines Tages musste der Mager zu einer Beerdigung, natürlich mit Zylinder. Im feierlichsten Moment nahm er den Zylinder ab und hatte auf dem Kopf einen ganzen Stapel Fastnachtsmützen sitzen. Mancher in der Trauergemeinde soll große Mühe gehabt haben ernst zu bleiben.

Früher spielten die Buben mit »Bickeln« (Lehmkugeln) einer der ganz viele gewonnen hatte, kam mit seinem Freund auf die Idee, damit ein Zielschießen auf die kleinen Scheiben an der Obermühle zu veranstalten. Wie nun der alte Obermüller auftauchte, konnte einer der Lausbuben verschwinden. Der andere musste zur Strafe, ein ganzes Jahr lang, abends die Gänse und Enten in den Stall treiben.

Eine Schulklasse vom Lehrer Kapp, musste während des Sportunterrichts Weitwurf üben. Da nichts anderes da war, nahmen die Buben hölzerne Granaten mit einem Eisenring. Einer der Mitschüler konnte überhaupt nicht werfen und wurde vom Lehrer dazu bestimmt, die »Granaten« wieder zurückzuholen. Ein Schüler, der ganz besonders gut werfen konnte, warnte: »geh zurück, geh viel weiter zurück.« Da der Mitschüler aber nicht glauben wollte, dass der andere so weit werfen würde blieb er stehen, bekam prompt das Ding an den Kopf und fiel um. Zum Glück hat er keine bleibenden Schäden erlitten.

In der Gersprenz lernten die meisten Kinder schwimmen. Sie war in verschiedene Abschnitte eingeteilt. Zuerst kam das Kniebad, oder auch Gailsloch, weil darin die Pferde gewaschen wurden. Dann kam der Abschnitt Heckelgärten. Man erzählt, dass da die »Besseren« schwimmen gingen. Der nächste Abschnitt war die Ewwermiehl (Obermühle), es folgten die vier Beem (Bäume) oder Gänswaad (Gänseweide) genannt, das Buschbad oder die Scheelhecke und zum Schluss der Weidebaum, schon an der Ortsgrenze zu Klein-Zimmern gelegen.

Sprüche vom »Willese Lenhard« (Leonhard Held oder Dietrich?)

Bürgermeister, was glauben sie denn, was mir neulich im Wald passiert ist? Mein Hund fängt plötzlich an zu ziehen. Er hat mich umgerissen, so fest hat er gezogen und fängt zu graben an. Ich hab' ihn gewähren lassen, um zu sehen was er hat. Und, was glauben sie was er gefunden hat: eine kleine Medaille mit einer Wildente.

Da steh' ich an meinem Dachfenster und seh' auf dem Rossberg eine Schnake sitzen. Ihr wisst ja, dass ich gute Augen habe. Peng, schon hab' ich ihr das linke Auge ausgeschossen.

»Der alte Büchner«, der eigentlich Göbel hieß

erzählt von Georg Eckhardt

Folgende Begebenheiten werden dem alten Büchner nachgesagt:

Die Familie hatte eine Katze, die ständig in den Garten machte und es war ihr trotz aller Bemühungen nicht abzugewöhnen. Der Familienrat kam zusammen und beschloss, dass die Katze fort müsse. Am nächsten Morgen steckte der Büchner die Katze in den Rucksack, setzte sich in den Zug und warf die arme Katze zwischen Darmstadt und Offenbach aus dem Fenster. Wie er nun abends nachhause kommt, sitzt die Katze auf der Türschwelle. »Katz'«, sprach da der Büchner, »morgen kommst wieder fort, abgestimmt ist abgestimmt.«

Eines Tages schmierte er sich ein Leberwurstbrot und legte es außen auf die Fensterbank, weil er in den Garten gehen wollte. Wie er nun zur Haustür herauskommt, sieht er, dass ein Spatz so 2 – 3 mal an dem Brot pickt und dann fortfliegt. »Gell dir schmeckt Leberwurst nicht? Na ja, das ist auch nicht jedermanns Sache, morgen gibt's Schwartenmagen.«

Da er Gänse hatte, dachte er ihnen etwas Gutes zu tun und baute einen Teich. Wie der Teich nun fertig war, setzte er sich daneben und lockte und rief seine Gänse, aber keine kam. Schließlich wurde es ihm zu bunt, er schnappte sich links und rechts eine Gans, tunkte sie ins Wasser und rief: »so, damit ihr wisst, wo ihr hingehört.«

Der Büchner hatte jede Menge Leitern in allen Breiten und Längen, ob 10, 20 oder 30 Sprossen, alles war vorhanden. Eines Tages sieht der

Nachbar, wie der Büchner eine neue Leiter baut. »Ja sag mal, hast du nicht schon ganz viele Leitern?« »Ja das schon, sagt da der Büchner, aber keine mit 5 Metern. Stell dir vor, es kommt jemand zu mir, der sich eine Leiter mit 5 m borgen will und ich hab keine, da müsste ich mich ja schämen«.

Spät abends verließ er mit einem Bekannten die Wirtschaft und kam auf die Idee am Haus gegenüber den Laden auszuhängen. Der andere wollte dabei nicht mittun und ging weiter. Wie er nun so den Laden aushängt, wird die Frau in dem Haus mobil und ruft: »was ist hier los? Da ruft der Büchner, da wollte dir einer den Laden aushängen, da vorne rennt er. «

Der alte Büchner arbeitete auf dem Bau. Wie er einmal die Leiter hoch ist, soll er gesagt haben: »Bin ich oben ist es nichts, bin ich unten ist es nichts und überall kann ich nicht sein.«

Geschwisterliebe – ein Groß-Zimmern-Krimi,
der auf einer, bereits gute fünfunddreißig Jahre zurückliegenden Begebenheit beruht.

Vorwort:

Für diejenigen, die nicht wissen wo Groß-Zimmern liegt, sei gesagt, es liegt etwa 15 km östlich von Darmstadt, grenzt im Norden, unter anderem an die Stadt Dieburg, im Osten an die Stadt Groß-Umstadt, im Süden an die Stadt Reinheim, und im Westen an die Gemeinde Rossdorf und die Stadt Darmstadt. Wer sonntags gerne in den Odenwald fährt, den führt der Weg meistens durch Groß-Zimmern. Natürlich war das vor 35 Jahren noch nicht so ausgeprägt, zumal damals die Wege schlechter und die Autos rarer waren.

Nicht zu vergessen ist auch die Gersprenz, die auf der Neunkirchner Höhe entspringt, in Groß-Zimmern zwei Mühlen angetrieben hat und dann im Stadtgebiet Dieburg als Stadt- und Burggraben diente. Wenn man die Gersprenz heute sieht, kann man nicht glauben, dass sie noch bis vor 20 Jahren, besonders im Frühjahr, Felder und Keller überschwemmte. Erst durch einen Deich, Schleusen und extra angelegte Überschwemmungsgebiete wurde sie »gezähmt«. Vorbei war dann auch die Zeit, als die Kinder in Groß-Zimmern in der Gersprenz schwimmen lernten oder am »Gailsloch« (Gail) Pferde gewaschen wurden.

Eine Erinnerung an vergangene Zeiten ist die Tradition, dass jedes Jahr die neuen »Kerbborschte« (Kirchweihburschen), wie sie im

Dialekt heißen, ohne Rücksicht auf Temperatur und Wetter, in der Gersprenz getauft werden.

Leider sind auch die Zeiten vorbei, als das »Orrewäller Liesche« von Reinheim nach Reichelsheim durch das Gersprenztal, meist direkt an der Gersprenz entlang, fuhr.

Die Gersprenz wird später in meiner Erzählung noch eine Rolle spielen.

Am alten Wasserwerk

Große Aufregung

Als die Bewohner Groß-Zimmerns am Montag Morgen erwachten, hatten sie ihre Sensation. Der Lokalanzeiger, das Echo, Radio und Fernsehen berichteten über nichts anders mehr: Hinter dem alten Wasserhochbehälter, im Ort nur »Wasserwerk« genannt, hatte Romeo, der Jagdhund von Hans-Georg Haberstroh, seines Zeichens Bankkaufmann und Jagdpächter, im Gebüsch eine Leiche entdeckt. Die beiden Polizisten Groß-Zimmerns, Wachtmeister Sigmund Lauter, nur Siggi genannt und sein Hilfspolizist Tonio Pantalone, die von Haberstroh herbeigerufen worden waren, standen vor der ersten Leiche ihres Lebens, sprich, ihrem ersten Kriminalfall. Besonders wohl war ihnen nicht, zumal der Tote schon ein paar Tage dort gelegen haben musste, ehe der Hund ihn entdeckte. Nur merkwürdig, dass trotz des intensiven Geruches niemand sonst bis dahin etwas gemerkt haben sollte.

Da für Kapitalverbrechen das Kriminalamt in Darmstadt zuständig war, blieb den beiden Ortspolizisten weiter nichts zu tun, als die Fundstelle zu sichern und auf den Beamten zu warten, den sie telefonisch verständigt hatten. Da der Tote auf dem Bauch lag, konnten sie auch nicht erkennen, ob es sich um jemand aus Groß-Zimmern, oder um einen Fremden handelte. Er war jedenfalls gut gekleidet. Anzug und Schuhe machten einen soliden Eindruck. Was nicht so ganz passte, war der dicke Goldschmuck an Hals und Arm und der Ring am kleinen Finger seiner linken Hand.

Nachdem sie fast zwei Stunden gewartet hatten, traf endlich der zuständige Kriminalbeamte Peter Esser, zusammen mit dem Gerichtsmediziner Franz Mager und den Kollegen der Spurensicherung, ein. Siggi und Tonio versicherten übereinstimmend, nichts angefasst und die Stelle gleich abgesperrt zu haben. Die Durchsuchung der Anzugtaschen des Opfers ergab keinerlei Hinweise auf seine Identität. Esser drehte also den Leichnam um, und rief Siggi und Tonio zu sich. Sie sollten sagen, ob sie den Toten evtl. kannten. »Aber das ist ja Cornelius«, rief Siggi überrascht. »Letzte Woche hat er mir noch erzählt, dass er jetzt, mit fast 72 Jahren, sein Geschäft aufgeben wolle und ein Häuschen in Südfrankreich gekauft hätte.« Friedrich Cornelius, in den letzten 30 Jahren Immobilienmakler, Einzelgänger, und nicht besonders beliebter Angeber, »Doodemecher« wie die Zimm'ner solche Leute nannten, außerdem »Zugezogener« und ohne, den Behörden bekannte, nahe Angehörige, hatte auf höchst merkwürdige Weise sein Leben ausgehaucht. Vor seiner Zeit als Immobilienmakler, war er Mieter eines Lokals gewesen, dass er als kleines Bordell führte, und in dem gewisse Bedürfnisse befriedigt werden konnten. Den meisten älteren echten Zimm'nern war er aus dieser Zeit als nicht besonders angenehmer Zeitgenosse bekannt. Er war ein ziemlicher Hitzkopf gewesen, der keinem Streit aus dem Weg ging! Die Untersuchung am Tatort, durch den Gerichtsmediziner, gab keinen Hinweis auf äußere Verletzungen, also auch nicht auf Gewalteinwirkung von außen. Selbstmord war auf Grund der Äußerung von Polizeimeister Siggi Lauter, dass Cornelius sich zur Ruhe setzen und ein Häuschen in Südfrankreich gekauft hätte, so gut wie ausgeschlossen. So wurde er in die Gerichtsmedizin nach Darmstadt zur weiteren Untersuchung gebracht. Obwohl der Gerichtsmediziner sehr gründlich arbeitete, fanden sich keinerlei Verletzungen. Die

Organe waren ebenso intakt wie seine Gliedmaßen. Keine Würgemale, keine Druckstellen, keine Zeichen einer Abwehr, keine Hinweise auf eine Vergiftung. Nur einem Zufall verdankte der Arzt, dass er die winzige Einstichstelle am Hals überhaupt bemerkte, die aussah, als hätte ihn ein Tier gestochen, aber ob dies mit seinem Tod zu tun hatte war fraglich. Da der Pathologe annahm, dass Cornelius keines natürlichen Todes gestorben war forschte man weiter nach der Ursache. Selbst die Einstichstelle und deren Umgebung halfen nicht, das Rätsel zu lösen, zumal im Körper von Cornelius kein Gift nachgewiesen werden konnte. Weder das Wälzen einschlägiger Literatur, noch die Befragung von Kollegen in anderen Städten, mit wesentlich mehr Erfahrung, nach einem möglichen ähnlichen Fall, brachte die Behörden nicht weiter. Es war zum verzweifeln, hier konnte wohl nur noch »Kommissar Zufall« helfen. Selbst die Befragung der Golfspieler – ganz in der Nähe war ein exzellenter Golfplatz entstanden – brachte genau so wenig Erhellendes, wie ein Gespräch mit dem Bauern in der Nachbarschaft. Niemand hatte etwas gesehen oder gehört.

Einzig und allein der Todeszeitpunkt konnte eingegrenzt werden. Der Arzt sagte, auf Grund der schon abgeblassten Totenflecken und dem Gesamtzustand der Leiche, müsste Cornelius Freitag Abend, zwischen 19:00 und 22:00 Uhr gestorben sein.

Gerüchte, Vermutungen

Während es nun im ganzen Ort wie in einem Bienenstock summte, und allerlei Vermutungen und Gerüchte, wie z.B. von der angeblich bevorstehenden Pleite Cornelius' und Spekulationen, dass der Tote sehr hohe Schulden hätte, die Runde machten, blieb Marie Hofmeier zu Hause und beging ihren 70. Geburtstag. Sie hatte niemanden eingeladen und auch von der Gemeinde, oder von den ehemaligen Freundinnen und Bekannten, hatte sich keiner sehen lassen. Die letzten 35 Jahre hatte sie alle noch so gut gemeinten Angebote abgelehnt, und sich von der Außenwelt vollkommen abgeschottet, seit ihr Bruder auf so mysteriöse Weise ums Leben gekommen war. Wie an jedem ihrer Geburtstage, hatte sie an ihren Bruder gedacht, der in den nächsten Tagen 75 geworden wäre, und den sie nach wie vor schmerzlich vermisste. Seitdem war jeder ihrer Geburtstage einfach nur ein Datum in ihrem Ausweis gewesen. In Gedanken hörte sie die letzten Worte ihres Bruders: »Marie«, hatte er am Abend als sie ihn zum letzten Mal lebend sah, gesagt: »morgen holen wir uns Bahnfahrkarten und fahren für eine Woche in die Rhön. Das soll dein Geburtstagsgeschenk sein und mein Dankeschön, dass du mich so gut versorgst. Du musst auch einmal etwas anderes sehen, wir machen uns ein paar schöne Tage«. Dann war er, wie jeden Freitag Abend, zum Skat spielen in die »Au« gegangen.

Die »Au«, eine alte Traditionsgaststätte, gibt es schon lange nicht mehr.

Seit die Eltern von Hans und Marie nicht mehr lebten, wohnten die Geschwister einträchtig – fast wie ein altes Ehepaar - im Elternhaus.

Marie sorgte für ihren Bruder und das gerne, da er unkompliziert und mit allem zufrieden war, was sie für ihn tat. Wenn sie ehrlich zu sich selber war, konnte und wollte sie sich auch keine andere Frau an seiner Seite vorstellen.

Hans war bei seinen Arbeitskollegen gleichermaßen beliebt, wie bei seinen Skatbrüdern, oder sonstigen Freunden und Bekannten. Er war fröhlich, freigiebig, kameradschaftlich und in seinem Beruf als Maurer tüchtig und angesehen.

Dass er trotz seiner 40 Jahre noch nicht verheiratet war, und auch keine Freundin hatte, spielte keine Rolle. Wo er hinkam war er ein gern gesehener Gast.

Als er an jenem Abend vor 35 Jahren nicht nachhause kam und auch morgens Bett und Frühstück unberührt blieben, hatte sie sich Sorgen gemacht. Dann, als nachmittags sein Chef kam und fragte, warum Hans nicht zur Arbeit gekommen sei, verständigte Marie den Ortspolizisten. Der versuchte sie erst einmal zu beruhigen und meinte, dass Hans vielleicht einen alten Bekannten getroffen und mit ihm ein wenig über den Durst getrunken hätte und jetzt irgendwo seinen Rausch ausschlafe. Marie ärgerte sich über so eine, ihrer Meinung nach, dumme Bemerkung. Sie kannte ihren Bruder. Er war ein sehr pflichtbewusster Mensch, auf den man sich hundertprozentig verlassen konnte, privat und in der Arbeit. Damals hatte sie jeden seiner Skatbrüder aufgesucht und erfahren, dass Hans an diesem Freitag höchstens eine Stunde mitgespielt hatte, dann aufgesprungen sei und meinte, er müsse jetzt nach Dieburg, um etwas zu erledigen. Was das sei, sagte er nicht. Später hatte sich noch ein alter Bekannter gemeldet, der ihn in der Dieburger Straße getroffen und dem er ebenfalls erzählt hatte, dass er auf dem Weg nach Dieburg sei. Was er dort wollte, hatte auch er nicht erfahren. Nach Meinung von Marie machte sich die Polizei keine große Mühe, herauszufinden was mit Hans geschehen war. Sie stellten bald die Ermittlungen ein und meinten, er würde schon auftauchen. Sie war sich von Anfang an sicher, dass etwas Schlimmes passiert sein musste. Hans hatte ja auch vorher noch seinen gesamten Lohn abgeholt und wie es so seine Art war, bei sich getragen.

Zwei Wochen später erhielt sie die Nachricht, dass an einem Wehr der Gersprenz, im Dieburger Schlosspark, eine Leiche angeschwemmt worden wäre und sie solle ins Polizeipräsidium kommen und sagen, ob das ihr Bruder sein könnte. Bis an ihr Lebensende würde sie diesen Tag nicht vergessen, ebenso wenig wie ihren Vorsatz, den zu finden, der ihm und ihr das angetan hatte, und wenn es Jahre dauern würde. Seit diesem Tag wurde sie bei keinem der örtlichen Feste oder Bälle mehr gesehen. Sie mied das Café »bei's Lipse« wie es ihm Volksmund hieß, offiziell »Knusperhäuschen«, und das später wegen der trüben Beleuchtung auch »Bergwerk« genannt wurde. Wie gerne und wie oft war sie vorher dort, mit vielen anderen jungen Leuten, in dem schönen Garten gesessen. Dort gab es sehr gute Kuchen und Torten. An dem idyllischen Teich, über den eine Brücke führte, saß sie am allerliebsten. Sah den Enten zu und genoss den Gesang der Vögel, die zahlreich in den umstehenden Büschen und Bäumen ihre Nester gebaut hatten. Von Heute auf Morgen hatte sie jeden Kontakt zu ihren alten Bekannten und Freunden abgebrochen. Vergessen waren die Tage, als sie mit ihren Freunden über Anekdoten, wie zum Beispiel über den alten Büchner, der eigentlich Göbel hieß, lachte. Besonders angetan hatte es ihr damals die Sache mit dem Leberwurstbrot: Da soll sich der alte Büchner ein

Leberwurstbrot geschmiert und es außen auf die Fensterbank gelegt haben, weil er in den Garten gehen wollte. Wie er nun zur Haustür herauskam, sah er, dass ein Spatz zwei, drei Mal am Brot pickte und dann fortflog. Darauf hin soll er gesagt haben: »Gell, dir schmeckt's net, na ja des is ja aach nit nach jedem seim Gschmack. Morje gibt's Presskopp«.

Ihr einziger Lebenssinn lag ab diesem Zeitpunkt darin, den Mörder ihres Bruders zu finden und den Mord zu rächen. Denn dass es ein Mord war - wahrscheinlich Raubmord - da er unbekleidet, ohne Geld und Papiere gefunden worden war, stand für sie von Anfang an fest. Hans hatte Pläne gehabt, er lebte gerne und mied die Gersprenz und auch alle anderen Teiche und Seen, da er nicht schwimmen konnte. Von sich aus wäre er niemals so nahe an der Gersprenz entlang gelaufen, um von alleine hineinfallen zu können und darin zu ertrinken. Seit 35 Jahren verließ sie das Haus nur, um ihre Einkäufe zu erledigen oder, um immer wieder die Orte zu besuchen, an denen Hans zum letzten Mal lebend gesehen worden war. Eines Tages, davon war sie überzeugt, würde sie herausfinden was passiert war. Nur die alt eingesessenen Zimm'ner kannten sie noch unter ihrem Namen, Marie Hofmeier. Bei den Zugezogenen hieß sie nur: »die Frau mit Hut«, weil sie das Haus, ob bei Regen oder Sonnenschein, nur mit Hut verließ.

Natürlich hatte sie Verehrer gehabt, schließlich war sie eine sehr gut aussehende, liebenswürdige Frau gewesen. Einer hatte sie damals ganz besonders eifrig hofiert, er hieß Cornelius. Sie konnte ihn nicht ausstehen und ließ es ihn auch sehr deutlich zu spüren. Was sollte sie mit einem Großmaul und »Zuhälter« anfangen? Schon damals fiel er nicht nur durch seinen Jähzorn, sondern auch durch eine sehr großspurige Art auf. Die Zimmner sagten, er gäbe an »wie a Dud voll Migge« (Eine Tüte voll Mücken). Auch nach dem Tod ihres Bruders, war er recht hartnäckig gewesen und immer wieder aufgetaucht, bis sie ihn ziemlich grob abgewiesen hatte und sich jedwede »Belästigung« verbat. Dann endlich hatte er sie in Ruhe gelassen.

35 Jahre sind eine lange Zeit. Die Veränderungen in Groß- Zimmern, in diesem doch recht langen Zeitraum, waren gewaltig. Überall waren Neubaugebiete entstanden und die Bevölkerung hatte sich verdreifacht. Nur noch zwei Bäcker aus ihrer Jugend existierten. Alle kleinen Lebensmittelläden waren verschwunden, dafür gab es viele Supermärkte. Klein-Zimmern war als Ortsteil eingemeindet worden und die meisten Bauern, bis auf ein paar größere, hatten ihre Landwirtschaft aufgegeben. Ihr altes Lieblingscafé »Knusperhäuschen« oder andere Traditionsgaststätten und Tanzsäle, wie »Kaisersaal« und »Linde«, in denen zu allen Festtagen und natürlich zur Kerb (Kirchweih) eifrig getanzt worden war, gab es nicht mehr.

Hätten Nachbarn und Freunde Marie an ihrem 70. Geburtstag sehen können, wären sie erstaunt gewesen, wie gelöst sie plötzlich wirkte. Eine große Last war von ihr abgefallen. Endlich hatte sie das letzte Mosaiksteinchen gefunden: das Geheimnis, wohin ihr Bruder nach dem Skat gegangen war, war endlich gelöst.

Als Junggeselle, hatte Hans regelmäßig das ehemalige Lokal von Cornelius aufgesucht, und die Dienste der Damen in Anspruch genommen. Er war dabei sehr diskret vorgegangen. Nicht einmal seine Skatbrüder hatten davon gewusst. Der Zufall war ihr in Form einer alten Bewohnerin, aus der Dieburger Straße, zu Hilfe gekommen. Marie war mit ihr ins Gespräch gekommen, und die alte Frau erzählte ihr von dem ehemaligen Bordell, das vorher und nachher eine Gaststätte gewesen war. Sie konnte sich, da sie nicht mehr aus dem Haus konnte und deshalb oft am Fenster saß, daran erinnern, Maries Bruder ziemlich regelmäßig aus- und eingehen gesehen zu haben. Der Polizei hatte sie davon nichts erzählt, weil sie, wie sie sagte, keine Unannehmlichkeiten haben wollte. Wie hätte es denn damals ausgesehen, wenn sie auf's Präsidium bestellt worden wäre, die Nachbarn hätten sich doch gleich die Mäuler zerrissen.

Alte Bekannte

Nachdem Marie dies erfahren hatte, war es für sie einfach gewesen, mit Cornelius Kontakt aufzunehmen und so zu tun, als hätte sie gerade jetzt ihr Interesse an ihm neu entdeckt. Sie war trotz ihrer 70 Jahre, die man ihr übrigens nicht ansah, immer noch eine schöne Frau. Obwohl sie so viele Jahre sich jeden Kontakt verbeten hatte, schöpfte er keinen Verdacht, er hielt sich wohl immer noch für unwiderstehlich. Hoch erfreut stimmte er zu und konnte es kaum abwarten, sie endlich wiederzusehen. Sie verabredeten sich zu einem Abendspaziergang, der auf ihren Wunsch hin, vom oberen Teil des Ober - Ramstädter Weges zum Wasserwerk führen sollte, »weil man von da oben aus so eine schöne Sicht über ganz Groß-Zimmern genießen könnte.« Sie würden sich dann, wie zufällig, auf freiem Feld nach den letzten Häusern begegnen, um allem Geschwätz aus dem Weg zu gehen. Nachdem sie seine überschwänglich herzliche Begrüßung über sich hatte ergehen lassen, lenkte sie geschickt das Gespräch auf frühere Zeiten. Sie meinte, dass es gut wäre, die alten Zeiten nach fünfunddreißig Jahren ruhen zu lassen. Was in dieser Zeit geschehen sei, sei halt geschehen und nicht mehr rückgängig zu machen. Sie hätte nur eine Frage an ihn, vielleicht könnte er ihr ja weiterhelfen, damit sie für sich endgültig, mit dem Verschwinden und dem Tod ihres Bruders, abschließen könnte. Falls er darüber etwas wüsste, oder damit etwas zu tun hätte, wäre sie ihm nach so langer Zeit auch nicht mehr böse. Es sei ja immerhin schon 35 Jahre her, aber es würde ihr sehr helfen, endlich Gewissheit zu haben. Sie bäte ihn, unter allen Umständen die Wahrheit sagen, denn nur dann hätten sie auch die Chance, auf eine gemeinsame Zukunft, falls er daran noch interessiert wäre. Cornelius war über die freundliche Art seiner seit langen Jahren Angebeteten hoch erfreut und glaubte nur zu gerne was er hörte. Wie lange hatte er Marie schon verehrt, sollte nach all den Jahren sein Traum endlich in Erfüllung gehen? Offensichtlich war er außerdem froh, endlich mit jemandem darüber sprechen zu können, was vor fünfunddreißig Jahren passiert war. So erzählte er ihr, nach anfänglichem Zögern, was sich zugetragen hatte:

Auch an dem Abend, der für Hans der Letzte werden sollte, sei ihr Bruder bei den Damen aufgekreuzt. Beim Bezahlen war aufgefallen, dass er eine ziemlich große Summe Geld bei sich hatte. Als er, Cornelius, das merkte, hätte ihn die Gier gepackt. Was damals in ihn gefahren sei, könnte er im nachhinein nicht mehr verstehen, und es täte ihm auch ehrlich und aufrichtig leid. Er hätte Hans auf einen »Absacker« eingeladen, aus dem auch drei oder vier wurden, und sich erboten, ihn ein Stück zu begleiten. Da der Weg an der Gersprenz entlang führte, wäre es ein Leichtes gewesen Hans niederzuschlagen, ihm das Geld abzunehmen, und ihn dann ins Wasser zu stoßen. Warum er ihm denn die Kleider ausgezogen und auch alle Papiere abgenommen hätte, wollte Marie wissen. Er hätte gehofft, dass er nicht so leicht identifiziert werden könnte. Heute könne er seine Handlungsweise nicht mehr verstehen und würde sich dafür schämen. Sie wüsste ja, dass er schon immer für sie eine Schwäche gehabt hätte und natürlich sehr gerne seinen Lebensabend mit ihr verbringen würde. Mittel hätte er genug, für sie gut zu sorgen und da wäre noch ein wunderschönes Landhaus in Frankreich, wo es ihr sicher sehr gefallen würde. Er könnte sie nur um Verzeihung bitten, für das, was er ihr angetan habe. Nachdem Cornelius geendet hatte meinte Marie: »gut dass du nun alles erzählt hast, du bist erleichtert und ich weiß jetzt, was wirklich geschehen ist und versuche unter die Vergangenheit endlich einen Schlussstrich zu ziehen. Wollen wir uns nun einen Versöhnungskuss geben?«

Schließlich hatte sie ihren Hut abgenommen und sagte erklärend zu Cornelius: »damit er nicht herunterfällt wenn wir uns umarmen«, dass sie dabei die kleine Hutnadel in der Hand hielt, bemerkte er in seiner freudigen Erwartung nicht. Das letzte was er spürte war ein kleiner Stich am Hals. Er dachte es sei eine Schnake...

»Alles besiegt die Liebe« (Vergil)

Kurze Freude - noch ein Krimi

Heute war der Tag, den er seit sechs Jahren herbeisehnte und trotzdem auch fürchtete. Die Zeit im Gefängnis war nicht spurlos an ihm vorbeigegangen, obwohl er sich relativ schnell an die Rangordnung unter den Gefangenen gewöhnt hatte. Jetzt stand er mit seinen wenigen Habseligkeiten vor dem Gefängnistor und wollte erst einmal seine Freundin aufsuchen, obwohl der Kontakt vor gut einem Jahr abgerissen war. Ob sie noch in Groß-Zimmern wohnte verzogen war, oder einen Anderen hatte? Nun, er würde sehen! Er machte sich also auf den Weg zur Bushaltestelle, wo die Busse nach Groß-Zimmern abfuhren. Wenn er sich beeilte, brauchte er höchstens fünf Minuten zu warten. Auf das Gesicht von Petra war er sehr gespannt. Wegen guter Führung hatte er zwei ganze Jahre geschenkt bekommen, das hieß, dass sie bestimmt noch nicht, oder auch nicht mehr, mit ihm rechnete.

Da kam ja schon der Bus! Er wählte eine Bank direkt an der Mitteltür, um gleich herausspringen zu können. Von der Haltestelle Friedensschule waren es zu Fuß knappe zehn Minuten, zur Petersgasse wo Petra ein kleines altes Häuschen, das sie von ihrer Tante geerbt hatte bewohnte. Nach dem dritten Läuten erschien sie. Ungläubig schaute sie auf den unerwarteten Besucher. »Ach du bist es, Robert!« Diese Formulierung ließ schon nichts Gutes ahnen. »Tut mir leid, mit dir habe ich nicht mehr gerechnet. Mein Leben habe ich mir inzwischen anders eingerichtet. Nach allem was passiert ist, kann es zwischen uns keine Gemeinsamkeiten mehr geben.« Während sie das eilig heraussprudelte, hörte er im Hintergrund rufen: »Schatz, wer ist denn da?« »Ach nur so ein Vertreter, ich komme gleich« rief sie noch, dann schloss sie eilig die Tür.

So, das war's, nun wusste er warum er das letzte Jahr nichts mehr von ihr gehört hatte, diese Schlampe! Mit ihr würde er sich befassen, wenn er verschiedene Dinge, wie Unterkunft, Geld evtl. Arbeit geklärt hatte. Das Entlassungsgeld würde nicht lange reichen, also musste eine Geldquelle her. Arbeit würde er, nach sechs Jahren Aufenthalt im Knast, vermutlich auch nicht so schnell bekommen. Warum musste damals der blöde Kerl auch ausgerechnet in dem Moment in den Kiosk kommen, als er mit der Kasse beschäftigt war und dann auch noch so laut losbrüllen, dass jeder im Umkreis von drei Kilometern hören konnte, dass etwas nicht stimmte. Statt alles liegen zu lassen und abzuhauen, hatte er ihm im Zorn ordentlich eine übergebraten. Dummerweise war der Kioskbesitzer auch noch so unglücklich gefallen, dass er schwer verletzt war und lange Zeit niemand wusste ob er es überleben würde. Bis er dann verduften wollte, war schon die Polizei da. Verdammt, das fing ja gut an, nicht wieder an die ollen Kamellen denken, die ihn sechs Jahre seines Lebens gekostet hatten! Also, zuerst einmal eine billige Bleibe auftreiben, dann überlegen wie es weiter gehen sollte, ja und Hunger hatte er auch. Das Mittagessen war ja flach gefallen. Von Mitgefangenen hatte er gehört, dass man im Real gut und billig essen konnte. Sie hatten ihm auch ein Hotel ganz in der Nähe empfohlen, für gewöhnlich stiegen dort Kundendienst- und Montagearbeiter ab. Das Haus hätte zwar keinen besonderen Komfort, aber immerhin sei das Frühstück im Preis von 30 € mit einbegriffen, und jedes Zimmer hätte ein eigenes Bad. Hinzu käme noch, dass die

Bushaltestelle nicht weit entfernt sei und außerdem gäbe es keine neugierigen Nachbarn. Ein Vorteil, der nicht zu unterschätzen wäre!

Zuerst wollte er ein Zimmer buchen, dann etwas essen und dann würde er sehen was ihm so einfiel. Gesagt getan, das Zimmer bezahlte er gleich im voraus für eine Woche, was ein gehöriges Loch in seine Finanzen riss. Vorsichtshalber hatte er sich unter dem Namen Alexander Schreiber angemeldet, man konnte ja nie wissen wozu das noch gut war. Dann machte er sich auf den Weg ins Real, sein Magen knurrte schon gehörig. Es gab Rouladen mit Rotkraut und Kartoffelpüree, eine seiner Lieblingsspeisen, seit seiner Kindheit. Seine Großmutter hatte dieses Essen ganz hervorragend zubereitet. Arme Oma, viel Freude hatte sie an ihm nicht gehabt! Nach dem Unfalltod seiner Eltern war er bei seiner Oma aufgewachsen. Sie hatte sich immer so viel Mühe mit ihm gegeben. Ihn verteidigt, seine Lieblingsspeisen gekocht, seine Wunden nach den zahlreichen Schlägereien in die er immer wieder verwickelt war, versorgt. Wenn er heute die Möglichkeit dazu hätte, würde er bestimmt netter zu ihr sein. Ach was, nur nicht sentimental werden! Jetzt war es leider sowieso zu spät. Oma, seine letzte Verwandte, war schon ziemlich am Anfang seiner Haft gestorben. Nicht einmal zu ihrer Beerdigung hatte er das Gefängnis verlassen dürfen. Nach dem Essen kaufte er noch eine Flasche Bier und ging dann zurück ins Hotel. Satt und zufrieden warf er sich aufs Bett und überlegte, wie es nun weitergehen sollte. Bis er Arbeit finden würde, könnte noch eine ganze Weile vergehen, obwohl er nicht wählerisch sein würde und ein echter Allrounder war. Aber er brauchte bald Geld. Vielleicht ergab sich in Dieburg am ehesten eine Gelegenheit? Dort befanden sich viele, gut gehende Geschäfte.

Natürlich wollte er kein Risiko eingehen. Auf eine erneute Erholung auf Staatskosten konnte er gerne verzichten.

Schon vor sechs Jahren hatte die Dieburger Einkaufsstraße Zuckergasse wie ein Magnet auf ihn gewirkt. Er hatte sich gerne dort aufgehalten. Er müsste – so sinnierte er – ein Geschäft ausfindig machen, das einem älteren Menschen, der möglichst allein lebte, gehörte. Das wäre das Allerbeste und versprach am wenigsten Komplikationen. Heute würde er noch ein bisschen Fernsehen und sich dann richtig ausschlafen. Zum ersten Mal seit 6 Jahren ohne verschlossene Zellentür, niemand, der ihn nachts kontrollierte, kein Frühappell, frühstücken bis 10:00 Uhr, herrlich! Die Freiheit fing an ihm zu gefallen.

Am nächsten Morgen, er hatte ausgezeichnet geschlafen, lief er unter einem strahlend blauen Himmel nach Dieburg. Er war richtig froh, dass seine Entlassung in den Frühling gefallen war. Langsam schlenderte er dann die Zuckergasse entlang, und studierte aufmerksam die Schaufenster, taxierte die Geschäfte und beobachtete, wo welche Leute aus und ein gingen. Dem Anschein nach war er ein Passant unter vielen, der nicht so recht wusste wohin mit sich und der vielen Zeit. Am Nachmittag ging er in das »Café Ostheimer«, in dem er mit Petra immer so gerne gesessen hatte. Ein paar Einheimische waren auch da. Dass ihn jemand nach 6 Jahren erkennen würde, konnte er sich nicht vorstellen, so mager wie er geworden war und mit Bart und Brille. Gegen Abend trat er den Weg zurück ins Hotel an, das zumindest für die nächste Zeit sein Zuhause sein würde.

Am nächsten Tag, trödelte er nach dem Frühstück noch ein bisschen auf dem Zimmer herum, und machte sich dann erneut auf den Weg nach Dieburg. Ein Geschäft hatte schon gestern seine Aufmerksamkeit erregt. Es war in einem schönen, alten Fachwerkhaus untergebracht. Die Schaufenster quollen über von den vielen Waren, als wollte der Besitzer alles was er hatte auf einmal zeigen. Hier könnte jemand Älteres wohnen und arbeiten, wenn er Robert, Glück hatte. Er beschloss den Laden näher in Augenschein zu nehmen. Socken und Taschentücher konnte er sowieso gut gebrauchen. Nebenbei konnte er gleich mal feststellen, ob seine Vermutung richtig war. Ein netter älterer Herr fragte ihn nach seinen Wünschen und tauchte dann in den Warenbergen, die überall im Laden aufgehäuft waren unter, um das Gewünschte zu suchen und es auch erstaunlich schnell zu finden. »Müssen sie denn die Arbeit ganz alleine machen?«, fragte Robert scheinheilig. »Ja, aber das macht nichts, das Geschäft ist schon seit drei Generationen in Familienbesitz und ich arbeite gerne hier.« »Aha Robert,« sagte er sich im Stillen, »das weißt du jetzt schon, ist doch prima gelaufen.« Dann bedankte er sich höflich und verließ den Laden. Jetzt musste er versuchen, über die Gewohnheiten des Ladenbesitzers etwas heraus zu finden. Was machte er abends, was für Hobbies hatte er, verließ er das Haus zu bestimmten Zeiten? Das wäre das beste, dann könnte er sich ungestört umsehen.

Wieder ruhte er sich im »Ostheimer« aus. Dieses Mal sprach er die Caféhausbesitzerin an: »Dieses schöne, alte Fachwerkhaus hier in der Zuckergasse wissen sie zufällig, ob die auch Zimmer vermieten? Ich würde gerne einmal in so einem Haus wohnen«. »Das wird wohl nichts werden«, erfuhr er, »der alte Herr, dem Laden und Haus gehören, lebt zwar alleine, aber ich glaube kaum, dass er vermieten wird.« Na bitte schon hatte er wieder etwas Nützliches erfahren. Jetzt musste er nur noch herausfinden, wann »der Vogel ausflog«. Bis jetzt war jedenfalls alles bestens gelaufen. Morgen würde er sich schon gegen acht Uhr in der Nähe des Geschäftes aufhalten. Dann konnte er zwar nicht ausschlafen, aber schon bald so hoffte er, könnte er dafür belohnt zu werden. Sehr lange musste er nicht warten. Punkt halb neun öffnete sich die Tür zum Wohnhaus, der alte Herr der ihn gestern bedient hatte schob sein Fahrrad heraus und radelte davon. Robert beschloss in der Nähe zu bleiben, um festzustellen, wie lange er fortblieb. Kurz vor Ladenöffnung so gegen fünf Minuten vor neun, tauchte der Alte wieder auf. Robert tat als käme er gerade des Weges, und rief: »guten Morgen, sie sind aber schon früh mit ihrem Rad unterwegs.« »Guten Morgen, ja das brauche ich als Ausgleich für den ganzen Tag im Geschäft. Jeden Morgen eine halbe Stunde mit dem Fahrrad, das tut richtig gut.« Aha prima, dachte Robert bei sich, dann blickte er demonstrativ auf die Uhr: »Ach herrje, ich muss mich beeilen sonst komme ich zu spät. Auf Wiedersehen und einen schönen Tag noch.« Das wäre nun auch geklärt, wunderbar, ein Erfolg auf ganzer Linie! In nur drei Tagen hatte er alles erfahren, was er wissen musste, um seine Aktion erfolgreich abzuschließen.

Er wachte erfrischt und voller Tatendrang auf. Heute war Tag vier nach dem Knast und der Tag, der ihn für die nächste Zeit aller Sorgen entheben würde, daran hatte er keinen Zweifel. Dieses Mal würde auch alles klappen und niemand ihm dazwischen funken und erwischen lassen würde er sich auch auf keinen Fall. Er würde schon heute genügend Geld zur Verfügung haben, bis er einen Job fand. Schade, dass von dem alten Fachwerkhaus nicht viel übrig bleiben würde.

Hauptsache es kam niemand zu Schaden, dem netten alten Herrn sollte nach Möglichkeit nichts passieren.

Er wartete, bis der Alte mit seinem Fahrrad das Haus verließ. Jetzt hatte er fünfundzwanzig Minuten Zeit, das müsste vollkommen reichen. Das Schloss an der Hoftür war ein Kinderspiel. Nun hinauf in den 2. Stock, wo sich die Wohnung befand. Auch hier lagerten überall Waren. Fünf Minuten wollte er darauf verwenden an den üblichen Stellen nachzusehen, ob Geld deponiert war. Na bitte nicht schlecht, die Leute waren in der Wahl ihrer Geldverstecke einfach nicht fantasievoll genug. Fünfhundert Euro in einer alten Kaffeekanne, ganz hinten im Geschirrschrank, noch einmal eintausend zwischen der Wäsche. So jetzt ein kleines Feuerchen gemacht, das sich hoffentlich nicht zu schnell ausbreiten würde, und rasch hinab in den Laden an die Kasse. Dieses altmodische Ding bot sicher keinen nennenswerten Widerstand. Fünfhundert Euro steckte er in seine Jackentasche, die übrigen Scheine packte er in die mitgebrachte Asbesttasche, und deponierte sie im Hofbereich, gleich rechts hinter dem Torbogen. Alles in allem hatte er ca. dreitausend Euro erbeutet. Das müsste bei einigermaßen sparsamer Lebensweise, für die nächsten vier bis fünf Monate reichen. In dieser Zeit müsste es doch möglich sein, eine einigermaßen gut bezahlte Arbeit zu finden. Immerhin war er nicht wählerisch und würde auch »dreckige Arbeiten» nicht scheuen. Dann schlüpfte er rasch hinaus, ließ das Schloss wieder zuschnappen, und spazierte seelenruhig in das Eiscafé schräg gegenüber. Kaum hatte er Platz genommen, da kam der Alte mit seinem Fahrrad nachhause. Wahrscheinlich ging er noch rasch in die Wohnung, sich frisch zu machen. Hoffentlich würde er nicht versuchen, das Feuer selber zu löschen. Es vergingen keine fünf

Minuten, da ertönte Feueralarm und die ersten kleinen Rauchwölkchen wurden sichtbar. Noch ein paar Minuten später sah man schon die Flammen aus dem Dach schlagen. Diese alten Fachwerkhäuser mit ihren Lehm- und Stroh-Fächern brannten wie Zunder. Wo blieb der Alte nur, warum verließ er das Haus nicht, hoffentlich war ihm nichts passiert. Ah Gott sei Dank, da war er ja, fast tat es Robert leid um das schöne alte Haus.

Alles verlief wie geplant, das Haus war leider nicht mehr zu retten. Die Feuerwehr hatte alle Hände voll zu tun, dafür zu sorgen, dass die Flammen nicht auf das Nachbarhaus übergriffen. Lediglich der Torbogen blieb stehen. Gut, dachte Robert, da brauche ich auch nicht lange nach meiner Asbesttasche zu suchen. Wie immer bei Unfällen jeder Art, strömten viele Zuschauer herbei, jeder wusste etwas anderes zur Brandursache zum besten zu geben. Die Vermutungen reichten von: »der Inhaber hat vielleicht aus Versehen die Herdplatte nicht ausgeschaltet,... in dem Alter vergisst man schon mal was...«, bis »...vermutlich ein Kurzschluss, die Leitungen sind ja auch schon uralt«. Die Polizei, die gleich nach der Feuerwehr eintraf, scheuchte die Gaffer fort und sperrte die Unglücksstelle weiträumig ab. Nach und nach erloschen die Flammen, lediglich zwei Feuerwehrleute blieben an der Brandstelle zurück, um immer wieder aufflammende Glutnester zu bekämpfen. Robert entschied, dass es sehr unklug wäre, sich unter diesen Bedingungen heute noch dem Brandort zu nähern. Das Beste schien ihm, ins Hotel zurückzukehren und sich auszuschlafen. Morgen früh, so gegen fünf, war sicher kaum jemand unterwegs. Dann würde er einen günstigen Moment abpassen und sein Geld holen. Zwei Minuten dürften vollkommen ausreichen seine Zukunft zu sichern.

Wie geplant, traf er gegen kurz nach fünf Uhr ein. Da stand ja noch immer ein Feuerwehrmann herum, damit hatte er nicht gerechnet. Ein kleiner Augenblick indem der in die andere Richtung blickte genügte Robert, um rasch durch den Torbogen zu schlüpfen. Schon bückte er sich und hatte beinahe sofort die Geldtasche gefunden. Was für ein unglaubliches Glück er hatte! Jetzt aber nichts wie weg hier! Ein Schritt trennte ihn noch von einem, zumindest in den nächsten paar Monaten angenehmen, sorgenfreien Leben, als der Torbogen zusammenbrach und ihn unter sich begrub.

Zimm'ner Sprich un Ausdrigg

Hier ist eine kleine Auswahl an Zimm'ner Ausdrücken, die zum Teil recht deftig sind, aber immer den Kern treffen.

Och, heer mer uff mit dem, des is doch en meschanter Kerl.
Hör mir auf mit dem, dem kannst du nicht über den Weg trauen.

Do dich net versindige, wenn's 12:00 schlejgt, bleibe die Aaa stehj
Spruch zu jemand der mit den Augen rollt und Grimassen schneidet: Versündige dich nicht, wenn es 12:00 Uhr schlägt bleiben die Augen stehen.

De Bou gäht
Der Schneepflug ist unterwegs

Den mecht ich net abgemolt uff em Abtrittsdeckel
Über jemand, mit dem man nichts zu tun haben will:
Dem sein Bild will ich nicht einmal auf dem Klodeckel

Es hod geschneicht – Es hat geschneit

Wenn di Sunn Hautlabbe schoijnt
Wenn es sehr heiß ist: Wenn die Sonne Hautlappen scheint

Mit de Leich geij
An einer Beerdigung teilnehmen

Bis der fortkimmt, leits in Duuehove zur Noocht
Spruch wenn einer trödelt:
Bis der fertig ist läutet es in Dudenhofen zur Nacht

Bis ders begriffe hot leits zur Noocht
Der hat eine »lange Leitung« (ist begriffsstutzig)

Schwarzer rot emol was a Waßlaibche kost
Spruch zu einem Rothaarigen

Do frisste halt Hundsfotze, da wird der ach dei Maul net fisserich
Zu jemand der am Essen rummäkelt

For mei Geld bockt mei Gaas in Paris un do wert se noch gehale
Mein Geld ist rund und ich kann es ausgeben wo ich will

Der lamentiert wie en Krippel am Wääg
Der meckert herum

Do kennst die Gaasegichtern krieje
Da könnte man verrückt werden

Die is nit hinne wie vorn, sunst hätt se vier Knie
Der kann man nicht über den Weg trauen
Mit der ist nicht gut Kirschen essen

Der Gaul is prima malouke
Das ist ein sehr gutes Arbeitspferd

Die Hoal an der Schnejmiel
Der Hohlweg an der Schneemühle

Do dich ou äwwer dou der kaan Doud ou
Zieh dich an, aber überstürze nichts

Och, wos bleest der sich uff
Was gibt der an

Der werft en Schahre wie en Schuhbennl
Bemerkung, über einen sehr dünnen Menschen:
Der wirft einen Schatten wie ein Schnürsenkel

In de Krimmel suche
Kümmelspalter, Pedant, in den Krümeln suchen

Der hod dem die Därm gezäijlt
Der hat ihn ganz genauestens ausgefragt

Blos mer doch mol de Huwwel aus
Rutsch mir den Buckel runter

Papp em doch uff, drick em de Krotze aob
Wirf ihn auf und drück ihm den Hals zu

Ich bin heit so rack wie Besemreisig
Ich bin heute total steif (so steif wie Besenreisig)

Der mit soine hirschlerrerne Aaedeckel
Jemand der herabhängende Augenlider hat

Strimp mit Meiszähnche
Strümpfe mit »Mauszähnchenmuster« am Bund

Alle Ritt is wos annerscht
Ständig ist etwas anderes

Dumm wie Worschtfillsel
Dumm wie Bohnenstroh

Uffs Ärmche nemma
Jemand veralbern, für dumm verkaufen

Neilich wie ich im Woald worn do hod mich uffene Schnaase e Gailsbie ougegriffe, des hod oig weä gedou.
Neulich im Wald, auf einer Lichtung, hat mich eine Hornisse angegriffen, das hat sehr weh getan.

Staaf wie en Hollerbock
Ungelenkiger, steifer Mensch

Sou dumm wie en ouwe
Dumm wie ein Ofen

Brienselbrou wie en Ochseforz
Besonders hässliches braun

Loss dr mol die Ouen ausspritze vun de Feierweer
Zu jemand der schlecht hört: laß dir mal von der Feuerwehr die Ohren ausspritzen

Aanehalb Vertel Servelat
3/8 Salami/ Cervelat

A närrisch Vieh
eine hektische/ aufgeregte Frau

Gell du bist em Edelmann ausm Oasch gefalle -
Zu jemand der seine Herkunft vergessen hat und angibt

Wos en meschanter Kerl
was für ein Taugenichts/ Betrüger

Er lesst die Flitsch henke
er ist geknickt, er lässt die Flügel hängen

Hoßt du dann gesähe wie der soin Labbe rausgehenkt hot?
Hast du gesehen, wie der die Zunge rausgestreckt hat?

Guuzje grabsch geworfe –z.B. beim Umzug werden Bonbons zum grabschen geworfen

Dem blut doch der Oarsch
wenn jemand sehr arm ist und aber angibt:
Dem blutet doch der Hintern

Des hod dere im Krotze gestogge
Das hat sie schon immer haben wollen:
Das hat der im Hals gesteckt

Der dut koam doure Hinkel wos
Das ist ein gutmütiger Mensch:
der tut keinem toten Huhn was

Dou doch sinnich
Tu langsam, lass dir Zeit

ausgehilcht	ausgehöhlt (sehr alter Ausdruck)
Ausgezifferter	Schlitzohr
Baldin	Schal
Boamwoll Biewern	Baumwoll-Bieber (bei Bettwäsche)
Beern	Kopf
Birre	Bütte, Wanne
Bluggschlaaf	Eine Frau mit der man wenig anfangen kann
Borre	Bündel Reisig
Bouse Strou	Strohbündel
Bou	Schlitten
Brenke for di Wesch	Wanne für die Wäsche
Britsche	Notlage
Briehinkel	Mensch mit dem man nichts anfangen kann
Brienselsbrou	dreckiges Braun
Brunshoabe	Nachttopf
Butzelnoose	vorlautes Gör
Chin Oos	Jemand mit dem nicht gut Kirschen essen ist
dabbisch Dier	unbeholfener Mensch
dochdele	verhauen
Doodemecher oder Dodes	Aufschneider, Angeber
Doddelsitz	Treffpunkt »am Dalles«, Platz wo man sich immer trifft
draabsch	ein bisschen doof
Dummbeidel	Dummkopf
Flapsch	ein auf dem Backblech gebackenes Kartoffelgericht

Flannerts	Leichenschmaus
Flintrieme	zwielichtige Figur
Frikadelle-Dätschler	einer die alle Frauen »betatschen« muss
Gaasegichtern	narrisch werden
Gailsbie	Hornisse
Garschtniggel	garstiger Mensch
Geerschtche	Geld
Goages	Geck, Stutzer
Goggel	eingebildeter Mensch
giegse	pieksen
Händschich	Handschuhe
haabuche	hart im nehmen
Heergelaafener Hund	Fremder
Hemb	Hemd
Heern	Kopf
Hie gefernst	geschludert, schlampig gemacht
Kafruus	Sippe
Kardoffelkewwer	Flüchtling (vorw. aus dem Sudetenland)
kasade geh	dem Herrgott den Tag stehlen/ ratschen gehen
keppenieren	enthaupten / ein Ei köpfen
Knejbl	ungehobelter Kerl
kouscher	koscher, in Ordnung
Kowerkotsche	Überzieher
Krambbe	hässliche Frau
Krampfläppsche	Einstecktuch
Kribbelbisser	Einer der sich selbst nicht mag, bissiger Mensch
krotzegrie	grassgrün
kujonieren	belästigen, quälen
kätsch	teigig, weich

Kumbe	große Kaffeetasse
Leef un Gäng	Botengänge
Letschgiggel	ursprünglich: aus Lehm geformte
Murmeln	
	heute auch für jemand der saft- und
kraftlos wirkt	
Liejebeidel	Lügenbold
Loomoarsch	Langweiler
Maaboatsche	Schuhe ab Größe 47 (Mainboote)
Manne	Korb
Matzelaag	Triefauge
nouselich	empfindlich, mäkelig
nousele	mit jemand schlafen
Ouflood	Einer der unmäßig ist, wenn es nichts
kostet	
Ouleid	Einer den niemand leiden kann
Orschkriecher	unterwürfiger Mensch, Arschkriecher
Oores esse	sich überessen an etwas
Ouern	Ohren
	Ourewäller Bloe Kartoffelschnaps aus einer Kartoffelsorte, die Odenwälder Blaue heißt
pieneijele	quälen, piesacken
Pilf	langes überbreites Kissen 120-130 cm
Possierstengl	Casanova, jemand der viel schmust
	Possiernäelche Stecknadel mit buntem Kopf (um evtl. einen Krampf zu lösen)
racker Hund	jemand der hart im nehmen ist

ritzeroat	feuerrot
roose	mit jemand schlafen

Schlaafsäwel	Schleifsäbel: Langweiler
Schleckeriche	Kartoffelgericht m. Lorbeerblättern und Nelken
Schloue	schwerer Hammer
Schnaase	Schneise
Schoofsbeitel	Dummkopf
Schleete	Schlitten
Schliach	Nixnutz
Schlemihl	Unglücksrabe aber auch Schlitzohr
schnoigse	schnarchen
Schnubbtuch	Taschentuch
Schugrieme	Schnürsenkel
Schug	Schuh
Schwartem	Dunst

Saachbeidl	Schimpfwort (Seichbeutel)
sackrawenoacht	stockdunkel
simbelieren	grübeln
Sogge	Schimpfwort für eine Frau die nicht viel taugt
Spinnegieges	Spinner, Aufschneider
Sprichbeidel	Sprücheklopfer

Steifschächter	ungelenker, steifer Mensch
Stellbreetsche	Stellbretter
Stollhaawe	Jemand mit dem man nichts anfangen kann
Stumb	Sichel

Troue	Lederriemen mit Schleife um einen Schubkarren zu ziehen

Trumbel	Geld
Vernefft	unpassend
verstrumpt	erstickt
Voujelskibsch	Vogelkäfig
Wammes	Strickjacke
Weschbrenke	Wäschekorb
Wellche	Reisigbündel
Die Woua am Woua	Waage/Seelscheit am Wagen
Zoores	Nixnutz, Taugenichts
Zweeter	Sweater/ Pullover
Zwulch	kleiner Mensch

Zimm’ner Ou-Name

Sind Namen mit deren Hilfe Sippen gleichen Namens auseinander gehalten werden konnten, wie zum Beispiel eine Vielzahl von Namen wie Pullmann, Held, oder Göbel.
Aber auch Namen die einen Beruf : »Schuster Doijel« oder eine Eigenart : »Zartrote« beschrieben.
Es ist unmöglich alle zu kennen und zu nennen. Die hier aufgeführten Bezeichnungen haben Fritz Bauer und Heinrich Riebel genannt.

Ärschjes Schorsch	Fröhlich Georg
Adsche Heiner	?
Aagelche	Held und Pullmann (weil sie etwas am Auge hatten)
Ambros	Hanstein
Ammehannes	Zacheis
Atom-Jean	Pullmann (weil er am Atomkraftwerk mitgebaut hat)
Baschau,	Pullmann
Bechkarlin oder Hamrin	Karl-Heinz Bertold
Beschbandite	Alle die an der Gersprenz groß geworden sind
Beine Valtin	Göbel
Bimbam (Bimbes) Heinzche	Lorz (hatte ein kürzeres Bein)
Bockmichl	Held
Böllschter Philipp	Vonderschmidt (von Böllstein gebürtig)
Böttcher	Reitzel
Buchbinders Franz	? war Buchbinder
China-Jean	Pullmann (in China während des Kriegs gewesen)

Die Erbs	Strempel
Donau Jean	Wörtche
Eck-Käth,	Pullmann
Eilersch	Euler
Ejbe	Pullmann
Escha Schorsch	Schäfer Georg
Feltese Elise	Dölcher oder Göbel?
Flinte	Held
Forellsche	Herbert
Fresspeter	Hofmann, (eine Familie in der viel gegessen wurde)
Fulder Heiner	Hassenpflug
Galopps Greda	Weiß Gretchen
Gläser Bernerd	Dietrich Bernhard (von Beruf Glaser)
Gauls Schorsch	Dietrich Georg
Goldklumpe	Wörtche (Wörthge?)
Guggesse	?
Gutedel	Held (hat auf dem Bau gearbeitet und den anderen immer das Mittagessen geholt: Eines Tages sagte einer »Du bist richtig gut und edel«, daraus wurde dann Gutedel
Häweschneider	? Schneider von Beruf Häfner
Häkelsche	Weber Heinz
Hambitzche	Göbel
Hänsjes Franz	Strauß Franz
Hannickel	Dietrich
Hembel Bembels Henjett	Roth Henriette
Hirsch	Reitzel
Hoose Karl	Palmy Karl
Hussjes Philipp	?

Jesse	Klober
Kiehhirte-Schuster	Hottes
Klopperdorte	Vonderschnidt
Klopper	Reinhardt
Knjäbl	Wörtche
Knie-Häsche	Hottes
Kühmichel	Bäcker Poth
Krickbärbel	Eine Frau die an Krücken ging
Liebs Hermann	Göbel
Liesche	Eckhardt
Linkese Elise	Herbert
Lippse	Göbel
Naadese	Göbel
Naase-Karl	?
Newel	Nebel
Pariser Schorsch	Fröhlich Georg (als Schneider in Paris)
Pferdches Lui	Göbel Ludwig
Post-Fritz	Held
Preise	Dietrich
Puhlkrot Schorsch	Pullmann Georg
Rasse Karl	Göbel Karl
Rehsche	Herbert (weil die Leute in dieser Familie so klein waren)
Rollfuhr Hans oder Rollfuhrmanns Hans	Pullmann
Rotznäsche	Buchsbaum

Saafekarl	Seibert (1. Spedition am Ort)
Schäfers Heiner	Köbel
Scheese Schorsch	Held
Schenster	Herbert
Schkorum	Göbel August
Schmieds Jakob	Stumpf Jakob/ Heinrich/
Schmittsgret	Pullmann
Schuhfranze	Herbert
Schuh-Ohl	hieß tatsächlich Ohl, war Schuster und verkaufte Schuhe
Schuster Doijel	Held, Daniel (Schuster von Beruf)
Schwarzkepp	Wörtche
Schwarz Philipp	Held Philipp (wegen seinem schwarzen Haar)
Schwitzer	Angermeier
Sattlers	Dietrich
Steehl/ Stiehl	Dietrich
Teram Gillegam	Geier
Tambor	Lorz
Turmschwälbche	Heinz
Willese Marie	Dietrich
Woll-Philipp oder	
Woll-Bendel	Wittekind
Wurzel	Herbert
Zartroude	Wörtche (weil sie rothaarig waren)
Ziejler	Röschner